Beautiful Life

Beautiful Life

Beautiful Life

Beautiful Life

# 長壽地獄

松原惇子——著
魏秀容——譯

長生き地獄

專文推薦

# 當那天來臨，你想用什麼方式離開？

台中榮民總醫院嘉義分院家庭醫學科醫師
朱為民

我的父親在二〇一七年底，於八十五歲的年齡去世。他的離開改變了我的生命，也讓三十六歲的我最近開始思考三個問題。

第一個問題是，我的父親，從他的老化、生病、接受照顧到死亡，這段日子，他快樂嗎？

第二個問題是，如果我老了，也跟我父親一樣，退化、跌倒、接受照顧、死去，這會是我想要的老年生活嗎？

第三個問題是，我的父親因爲肺炎而離開，如果是我，我會用什麼方式離開？是肺炎？癌症？心臟病？

這三個問題的答案，都和時間有關。我想用我父親的人生，跟大家說明，我們每一個人，都無法抵擋時間的洪流。

我的父親是一九三二年出生，一九四九年到臺灣（十七歲），一九八一年結婚（四十九歲），一九八三年生了我（五十一歲），二〇〇二年退休（七十歲），二〇一三年在家跌倒後失能與失智（八十一歲），二〇一七年逝世（八十五歲）。

從這個年表中看出什麼？我的父親，年輕時很辛苦，邊工作邊照顧家庭，把我撫養長大。好不容易熬到退休，退休之後過了十一年清閒的日子，之後生病，度過了四年失能失智、需要別人照顧的光陰，最後去世。

## 這樣的人生，幸福嗎？

根據內政部一〇七年發布的統計，一〇六年國人的平均餘命是八十．四歲，男性七十七．三歲，女性八十三．七歲，皆創新高。然而，值得注意的是，根據衛生福利部另一個統計，國人的「平均健康餘命」卻只有七十一．二歲。也就是說，每一個臺灣人，平均晚年有九年的時間，臥病在床，需要他人照顧。

生命，眞的是愈長壽愈好嗎？剛成爲醫生的時候，這個答案對我來說是肯定的。然而，行醫多年之後，有了自己父親生病的經驗，再加上臨床上每天看到太多長期臥床，插著鼻胃管、尿管、氣切，生活無法自理的老人。我對這個問題的答案，漸漸有了疑問。

愈長壽，痛苦的不是只有病人而已，還有照顧者們。這幾年，在報導中看到愈來愈多這種因爲無法忍受長時間照顧的壓力，照顧者尋短甚至傷害家人的新聞，都令人好遺憾。但是，隨著少子化趨勢無法翻轉，這樣的新聞，很可能會愈來愈多。

面對不健康的長壽未來，怎麼辦？

幸好，這個時候有《長壽地獄》這本書來到我們面前。日本的老年化狀況舉世皆知，根據二〇一七年內閣府統計，日本的高齡化率（大於六十五歲以上的比率）已達百分之二十七．三。臺灣在二〇一八年的高齡化率是百分之十四，雖然看起來還差現在的日本很多，但依照估算，這個數字在二〇二六年就會達到百分之二十，二〇四〇年會達到百分之四十。也就是說，現在的日本，其實就是未來的臺灣。從日本的經驗中學習，是不可不做的一件事。

《長壽地獄》書名雖然聽起來很聳動，但這本書的內容卻非常眞實又可貴。作者松原惇子不僅僅是一個日本暢銷作家而已，她自己本身就是一個七十一歲的老人，而且她的母親已經九十一歲了！她深知老年人的辛苦，近年也到各地的老人院和照護機構去採訪，把目前老年人遇到的實際狀況完整地描繪出來。讀來令人怵目驚心，很多場景跟現今的臺灣比起來有過之而無不及。

不僅如此，她也親自到訪荷蘭安樂死協會，並分析世界各地對於末期醫療的看法與差異。

但是，這本書最令人喜愛之處，絕非作者把長壽悽慘的狀況眞實寫出來而已。而是她在第五章和第六章，實際提出了具體的建議，告訴了我們應該要如何做，才能夠避免墜入到長壽的地獄，而可以享受安適快意的晚年人生。比方說，「寫下臨終醫療事前指示書」、「事先向家人及親友傳達自己的意願」、「人生最後的場所是家裡？還是設施機構？」這些問題，都是我覺得極好的提醒。

二〇一九年一月六日，臺灣的「病人自主權利法」正式實行。近幾年我常常推廣這個法律，因爲我覺得它眞正保障了每個人對於生命的自主權，也讓善終這件事離我們更近。而就在這個時候，《長壽地獄》這本書來到我們面前。看了這本書，會對生命自主的概念，以及在生活中要如何執行，向前邁進一大步。

回到父親的生命經驗，他的八十五年人生中，我覺得是快樂且充實的。儘管他有四年多的時間失能失智需要別人照顧，但是在那四年中，父親沒有插鼻胃管、尿管，或是其他的管路；在家人和看護協助下還是會很認真的做復健，使用拐杖可以慢慢地走，也可以自己吃飯；雖然失智，但他很少發脾氣，也不會憂鬱，總是笑顏常開地跟我們打招呼；最後的肺炎來的很快，但是他的生命選擇不要拖下去，更沒有接受急救或插管治療。

我還是覺得，父親是有福氣的，他沒有落入痛苦卻長壽的漩渦中，也不至讓家人一起掉下去。

如果你也不想在年老的時候掉進「長壽地獄」，推薦好好閱讀這本書。

專文推薦

# 平常看待老衰死，不做生命延畢生

陽明大學附設醫院主治醫師
推動善生善終理念
陳秀丹

隨著醫療科技的進步，人類的壽命延長了，生命的品質與尊嚴卻不一定能保有；走一趟安養院，相信您對古人所說「壽則多辱」這句話一定很有感觸。

行醫超過二十六年的我，歷經了臺灣沒有健保的年代和有了健保之後的現況，醫療資源被濫用的結果，造就了許多的植物人與靠呼吸器存活的機器人；許多吞嚥功能喪失或不好的老人，鼻胃管被插上了。因爲咳嗽功能不好，被氣切、被強迫抽痰的人也不少。而照顧者怕病人自拔管路，因此病人雙手被綑綁。是不當的生命價值觀與不當的健保醫療給付制度，助長了無效醫療，扭曲了生命末期照顧「愛」的本質，最終讓全民都受苦。

日本是一個人口老化非常嚴重的國家，本書的作者以一位未婚女性的觀點來看自己國內老人安養的問題。書中介紹了各種的養護機構，也用了實際案例分享她對鼻胃管、胃造口……等醫療的看法。作者對長壽的日本社會充滿憂心，她認爲老人照顧政策不好，政治人物與民衆都必須負責。因爲擔心自己的晚年生活，她開始關注到死亡的方式，包括安樂死、尊嚴死等議題。

作者對「長壽」的焦慮是正常的反應，因爲如果人們只追求醫療進步所造成的長壽，而不去思考這種生命的質量，將會是人類社會的大災難。

近年來，照顧者不堪長期壓力而殺死所照顧的親人，這樣的人間悲劇時有所聞。有許多長者拒絕入住安養院，他們擔心被家人遺棄，也擔心失去朋友。七十多歲的兒子照顧九十多歲的父母很常見，問題是老人自己可能都自顧不暇了，哪來的體力照顧更老的父母呢？做爲現代人，我們要有安養院是「老人的另一個家」的心理準備，而如何讓社會重視安養院的質與量，則是我們迫不及待，必須努力去做的事。

亞里布維曾說：「生命的意義不在時間的長短，而在思想行動力的衡量。」北歐人說「生命是爲了享受人生而繼續」，透過醫療而痛苦的活著，不是醫療的目的，也不是眞愛。眞正的愛是「給愛的人沒煩惱，被愛的人沒痛苦」，眞正的孝順是以父母的福祉來考量，而不是讓父母錯過生命的賞味期，苟延殘喘靠醫療設施、沒有品質、沒有尊嚴的活著。

全世界安樂死合法化的國家很少，因爲爭議大。其實我們不必追求安樂死，有尊嚴的自然死就好了。我看過許多長者在緩和醫療下自然往生，過程非常平順，氣氛很和諧。反觀，被拖延的死亡，常常造成病人很大的痛苦和家人們難以彌補的遺憾。

生命是可貴的，老天造人，老天也給人很好的退場機制。像老到不能吃，病到不能吃時，腦內的嗎啡生成量會增加；心肺功能不好時，血中的二氧化碳濃度上升；當肝功能不好時，血中的氨濃度上升，而這些都可以讓人昏迷而比較不痛苦的離開人間。死亡是生命的一部分，有生必有死，千萬不要害怕談論死亡。

在臺灣，生命末期的人因病人自主權利法與安寧緩和醫療條例的保障，可以享有尊嚴的自然死。

人老不一定沒有用，只要好好照顧與規劃，平常看待老衰死，長者仍然可以展現生命的意義與價值。當大限來臨時，義無反顧，不靠維生設備自然往生，相信這樣的老年生活一定更美好。

日本人口老化所帶來的社會衝擊，是我們的借鏡。國人生命教育應從幼稚園開始，督促政府加強預防保健、不助長無效醫療，爲優質的老人照顧做更長遠的規劃。老有所終，老而不受苦，是我衷心的期盼！

前言

# 如何不受苦痛折磨地離開，應是每個人可以自己決定的

日本國民的平均壽命正持續延長中。

醫療、營養、環境等條件的改善，讓國民的壽命得以逐年延長。但是，爲什麼我們無法對這樣的結果由衷地感到開心呢？

近年來有越來越多的國民產生「不想長命百歲」這樣的念頭。而且令人驚訝的是，有這種想法的人並不止於六十多歲的高齡人口，就連二十多歲的年輕世代也開

始對「長壽」這件事情感到恐慌。他們對工作感到不安、對結婚後是否能得到安穩生活感到不安、對年金感到不安……這些都是導致人們不再嚮往「長壽」的原因。

嚮往長壽的時代已經在不知不覺中結束，如今我們已經邁入「恐懼長壽」的時代。或許這麼說很難取得那些長期與病魔抗戰、期待明天會更好的人們的諒解。但即使如此，我還是希望可以如實表達自己內心的想法，就是我「拒絕長壽」。

最近，我不只開始思考自己到底可以活到幾歲的頻率變多，就連和朋友之間也經常一起討論著。我之所以「拒絕長壽」，並不是因爲自己過得不開心。我還是過著一如往常的生活。

每當看到那些雖然年過百歲卻還熱衷於工作，或是九十多歲仍積極務農的人，雖然內心對他們敬佩不已，但這並不會讓我對長壽這件事產生憧憬。對單身的我來說，那些被衆人讚歎的高齡者勞動案例，只會加深我對「長壽」這件事的恐懼。

過去，我在自己的多場演講及多本著作中，總是高談著：「要好好想想到底什麼才是值得追求的生活方式。那應該是與年齡毫不相干的。不受年齡拘束的生活，才是最好的生活方式。與其擔心未知的未來，不如將心思好好集中在眼前的生活。」但是現在的我，開始傾向保留這樣的說法。

如果對「長壽」這件事情感到恐懼，那麼就深入長壽現場一探究竟不就好了？於是，我決定以採訪做爲主要方式來完成這本書。

當初原本是以「恐懼長壽」爲題來著手進行採訪的，可是過程中讓我訝異的是，在現今的日本社會中，抱持著「想死卻不讓我死」這種想法的高齡人口，竟占了相當的比例。

我想，這才是眞正的「長壽地獄」吧！究竟是什麼原因讓日本的高齡者們有了這樣的想法？除了日本之外，難道連歐洲、美國的高齡者們，也是抱持這樣的想法嗎？

「壽命長短」是由上天決定。但「如何不受苦痛折磨地離開」，卻是我們每個人可以自己決定的。

因爲我衷心盼望可以與多人分享自己在這方面所得到的知識，因而刻意選擇了這樣令人爲之悚然的書名「長壽地獄」。

無論是誰都無法免除「死亡」。在此衷心期望藉由本書的出版，能爲大家帶來一些啓發。

松原惇子

目次

## 第二章　實地記錄・長壽地獄的現場
### ——即使如此，你還是希望自己長壽嗎？

## 第三章　你我的人生最後究竟會變得如何？



## 第四章　不能選擇安樂死嗎？——荷蘭安樂死協會

## 第五章　為了尋求善終，現在開始必須思考的十件事情

# 第六章　怎麼死？由自己決定

# 第一章——恐懼長壽

# 如何面對長壽？

「由於世界上最長壽的大川MISAO女士（一百一十七歲）於四月一日辭世，因此目前日本長壽紀錄保持人爲東京都涉谷區的女性（姓名非公開，一百一十五歲）。」（二〇一五年四月一日刊載）、「日本全國一百歲以上的高齡人口已達六萬五千六百九十二人。連續四十六年持續增加。」（二〇一六年九月十三日厚生勞働省發表）

每當看到這些新聞，總是讓我不由自主地擔心：「要是我也成了那樣的人瑞該怎麼辦？」

超過一百歲還能保持精神活力的高齡者不在少數，所以我並非要否定「長壽」這件事。只是對我來說，即便再三對我做健康上的保證，我還是無法接受自己成為人瑞這件事。光是現在的我對身旁事物嘆氣的次數就已經不少了，想到還要在同一條路上再走個三十年，就幾乎快要讓我暈了過去。

另一方面，我母親高齡九十一歲（二〇一七年），雖然佝僂著背、曲著雙腿，但精神狀況仍相當地好。儘管外表已經是九十一歲年紀應有的模樣，但行動依然敏捷，可以靠自己打理生活一切。母親從年輕開始就懂得享受時代潮流，身旁朋友也不少，每個月還固定造訪一次「銀座久兵衛」❶。

母親的朋友們總是這樣對我說：「妳母親是我們的目標。無論什麼時候，她總是充滿精神。」對母親來說，就算沒有那些評價，她也打算用這樣的方式過著自己的生活。看吧！就連今天的晚餐也是牛肉呢！

母親到了九十一歲高齡還能如此充滿元氣，這點當然令我相當開心，可是一想到如果母親就這麼成了日本最長壽的人瑞，那種恐懼又不禁向我襲來。

每當我和母親的友人們見面時，幾乎都會和他們提到：「雖然我希望母親可以長命百歲，但我卻不希望自己活到那麼久。」這個世界上，真心希望自己可以活到一百二十歲的人大有人在，可是在我周遭不少的單身友人裡，卻從來沒有人說過希望自己可以長命百歲這樣的話。

我的母親可以說是例外中的例外。一般來說，凡是超過九十歲的高齡者，不是在家接受照護，就是被送到照護設施機構，在那裡接受看護。周遭朋友中，有兩位年紀與我相仿的友人，他們的母親也同樣已經高達九十歲高齡。

當中一位的母親被安置在特別養護老人之家❷接受照護，另一位的母親則是在自費的老人之家。

❶「銀座久兵衛」，日式料理店。

❷由地方自治團體或是社會福祉法人營運的公營老人照護機構。相較於坊間的自費老人之家，費用上較為便宜。

# 你想在幾歲過完人生？

兩年前，我曾在自己設立的團體「NPO法人SSS NETWORK」中，針對「你希望長壽嗎？」這個問題進行問卷調查。在所有協助調查的受訪者中，五十歲到八十歲的獨居女性共有六十四位。而這六十四位女性當中，有些曾有婚姻紀錄，有些則是喪偶。

「單身與長壽」問卷調查結果：

Q　對你來說，「長壽」這個詞彙所代表的年齡？

A　六十歲，一人。

七十歲，一人。
七十五歲，一人。
八十歲~八十五歲，二十六人。
九十歲，二十八人。
九十五歲，五人。
一百歲，一人。
沒有回答，一人。

※從結果分析可知，對多數人而言，八十五歲以上的高齡者即可稱爲「長壽」。

Q　你希望自己長壽嗎？
A　希望，九人。
不希望，三十七人。
不知道，十八人。

※從結果分析可知，有超過半數的受訪者不希望自己長壽。理由如下：

## 不希望自己長壽的理由

體力每況愈下、腦部退化、失智症、對自己的健康狀況沒有自信、擔心必須在老人醫院度過、毫無生活品質可言的長壽令人痛苦、等到自己無法照顧自己時就不想再活下去了、生活中沒有快樂的事情、這是個不會體恤弱勢者的社會、經濟上的擔憂、一個人獨自生活很辛苦等。

Q 你認爲活到幾歲最爲理想？

A 八十歲以下，十二人。

∫八十五歲，三十一人。

∫九十歲，十一人。

九十五歲以上，四人。

沒有回答，六人。

※從結果分析可知，希望活到八十五歲的人占了壓倒性地多數。

另外，從問卷調查結果分析得知，對多數人來說，實際年齡再加上十歲是最爲理想的壽命。

也就是說，對許多準高齡者來說，並不會追求「長壽」這件事。對他們而言，八十五歲是最適合告別人生的年紀。

我曾詢問一位希望在七十歲時告別人生的五十歲女性，她這麼表示：「不管是什麼樣的人，一旦超過七十五歲之後，就開始變得無法像往常一樣生活了。」舉例來說，操作電腦時變得遲鈍，或是行動變得遲緩等，這些變化對於身爲職場女性的她來說，就彷彿像是宣告人生終點的到來。

但畢竟她也不知道自己可以活到幾歲，如果有機會等到她七十五歲時再次對她進行訪問，不知道那時她的回答是否會變成希望可以活到八十五歲？或是那時的她每天過著抑鬱的生活呢？

# 拒絕長壽的人數急速增加

對「長壽」這件事感到恐懼的，不是只有那些獨居的人而已。近來這個話題也經常成為健身中心桑拿室裡中年婦女們的談論話題。

「奇怪，怎麼最近都沒有看到〇〇太太呢？」

「妳不知道嗎！聽說〇〇太太的先生得了癌症，而且情況很不樂觀呢！」

「〇〇太太的先生幾歲啊？」

「好像是七十多歲吧？」

「不過我覺得得癌症倒還算好，反正人遲早都會死。更讓我覺得可怕的，是連

自己什麼時候死都不知道的『長壽』呢！」

「就是說呀！我也不太能夠接受『長壽』呢！每當我照顧我那九十六歲高齡的母親時，就覺得很不忍心。所以我希望自己的人生可以在變成那樣之前就結束。」

「我懂妳說的！因爲我也是這麼想的。」

桑拿室裡，這些嘴裡一邊說著希望能夠早點過完人生的六十多歲婦女，在談天的同時，桑拿浴及冷水浴也重覆交替進行了約十次左右。從她們的體力來看，我想她們應該可以擁有很長壽的人生吧！

看到她們說的和實際做的之間的落差，讓我不禁莞爾一笑，但因爲我自己也和她們抱持同樣的想法，所以不由自主地對眼前的她們感到一股親切。就像這樣，有時可以在桑拿室裡聽到獨處的兩個人，忘我地談論自己的「長壽恐怖論」。

我也經常受邀在午間時段進行演講。每當這種場合以「你的人生想在幾歲結束？」做爲主題時，總是很容易引起台下的熱烈討論。

前陣子在一場演講會上，當我請大家以舉手方式表示自己的人生想在幾歲結束時，台下選擇八十五歲的人占了壓倒性地多數。由於這樣的結果完全在我的預期之中，所以不算太過意外。

但另一方面，這也是絕大多數的人希望在完全失去健康之前離開人世的證據。就連我也不例外。換作是我，應該也會選擇在八十五歲這個年齡結束自己的人生吧！要說理由的話，我想是因爲八十五歲還算是個可以保有自我的年齡。

但或許等眞的到了八十五歲之後，又會想說「八十五歲也還很年輕嘛」也說不定，至少對現階段的我來說，八十五歲是做爲人生終點最理想的年齡。

在那個演講會場上，台下也有幾位超過八十五歲的聽衆在場。但是當我問到：「你的人生想在幾歲結束？」時，大家也毫不避諱地選擇了八十五歲。由此可以看出，大家從日常生活中就對「長壽」這件事感到恐懼。

可是，儘管再怎麼不希望「長壽」，算命師也無法算出每個人會在幾歲時走完人生，畢竟這已經是只有神才能掌控的範圍了。所以關於「你的人生想在幾歲結束？」這個主題，雖然可以引起人們討論的興趣，但這也不是所能掌控的事情。

許多高齡者，雖然膝下有子女，卻不想依賴子女，讓自己成爲子女的負擔。所以日常生活中，可以的話就自己照顧好自己的起居，等時候到了，在不給任何人添麻煩的情況下死去，是許多高齡者的期盼。

不要求長壽，只希望在該離開時離開，是許多高齡者內心由衷地想望。

另一方面，對「長壽」這個話題絲毫不感興趣的人也大有人在。和一群有著共同歌唱嗜好的友人一起用餐時，大家談天的話題不外乎是自己的丈夫、小孩或是孫子，對於「長壽」這個話題，一次也沒有被提及。

可能只有在共同嗜好的「歌唱」上才會引起共鳴吧！或者其實這個話題無法輕易與他人談論，只能在夜深人靜時，給自己倒上一杯從冰箱取出的白酒，獨自一人一面想像自己九十歲高齡的樣子，一面嘆著氣呢？

# 因長壽而導致對失智症的恐懼

「PIN．PON．PAN．PON」❶

寧靜的早晨，傳來了這樣的協尋廣播。

「各位早安，這裡是○○地區防災中心。以下是有關迷路人口的協尋廣播。今天上午十點左右，一位年約七十多歲、夾雜白髮、身高約一百六十五公分的男子疑似走失。男子身穿棕色工作服外套、黑色長褲及綠色涼鞋。如果您見過疑似失蹤男子的話，請與防災中心或警察署聯繫，謝謝。」

過去的走失人口多是年幼的孩童，但時移世變，如今卻成了高齡走失人口的時代。每當聽到這類協尋廣播，總會讓我對這樣的時代變化感到心痛。還記得我第一次

聽到這樣的廣播時，因爲是來自防災中心，還以爲是發生地震，嚇了我一大跳呢！不過現在已經完全習慣，頂多只會想：「唉，又有老人從家裡跑出去了啊！」除此之外，也沒有什麼值得驚訝的了。

雖說如此，播放走失人口協尋廣播的頻率確實不少。由此可見，社會上有失智症長者的家庭愈來愈多。

實際上，因爲失智症導致行蹤不明的人口數量，每天都有增加的趨勢。

**行蹤不明的失智症人口統計**

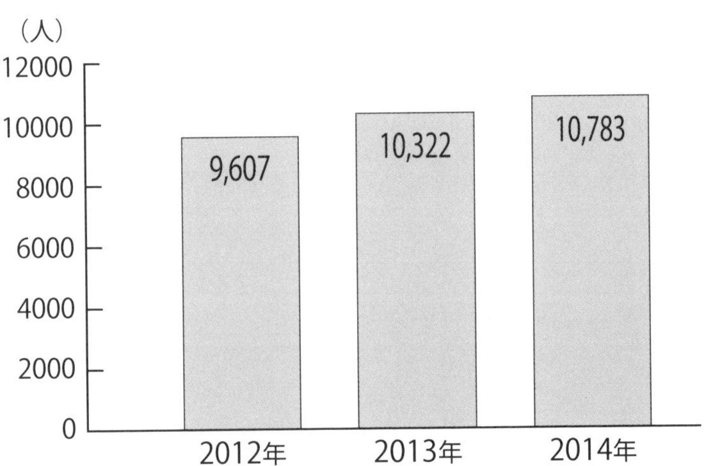


資料來源：日本警察廳生活安全局生活安全企劃課

二〇〇七年十二月，一位經判定達到照護標準四級❷的失智男性（九十一歲），在家人（八十五歲）沒有注意的情況下，從家中跑出，最後發生遭電車輾斃的意外。

這個事故的發生，讓JR東海旅客鐵道公司決定對家屬進行列車調度相關費用的賠償請求。

這個事件在當時相當受到注目，我想即使到了現在，對這個事件還存有印象的人應該也不少。這個備受世人注目的事故，最終在最高法院判決「家屬並無相關責任」下結束。

不只是類似事件，在邁入超高齡社會的日本，那些家中有認知障礙長者的家庭問題，很有可能進一步演變成社會的問題。

伴隨長壽而來的是罹患失智症的可能性也跟著變高。這並非高齡者本身樂見的事情，當然更非他們家人所樂見的事情。

我們都知道，生命是尊貴的。但對生命來說，「活得久是否就能與幸福劃上等號」就不得而知了。

在這裡，我想對日本的高齡化率做個整理。所謂「高齡化率」，是指六十五歲以上高齡人口占總人口的比例。根據世界衛生組織（WHO）或是聯合國的定義，高齡化率超過七%的社會爲「高齡化社會」，超過十四%的社會爲「高齡社會」、超過二十一%的社會則稱爲「超高齡社會」。

日本早在一九七〇年時，就已經邁入「高齡化社會」。到了一九九四年時，成了「高齡社會」。到了二〇〇七年時，高齡化率已達二十一・五%，正式進入「超高齡社會」。

根據內閣府❸最新公告的「平成二十九年（二〇一七）版高齡社會白皮書」資料來看，現今日本的高齡化率已達二十七・三%。也就是說，平均每四個人中，就有一個是超過六十五歲的高齡者。

我也想在這裡讓大家可以對日本平均壽命的變化有一些認識。

四十三頁中的「第二十二回生命表（完全生命表）」是由厚生勞働省於二〇一七年三月一日所公布的日本平均壽命變化。在二〇一五年這個時間點，日本男女的平均壽命分別爲男性八十・七五歲、女性八十六・九九歲。男女平均壽命則爲

## 日本平均壽命的變化

| | 男 性 | 女 性 | 男 女 |
|---|---|---|---|
| 1990年 | 75.92歲 | 81.90歲 | 78.91歲 |
| 2011年 | 79.44歲 | 85.90歲 | 82.67歲 |
| 2012年 | 79.94歲 | 86.41歲 | 83.18歲 |
| 2013年 | 80.21歲 | 86.61歲 | 83.41歲 |
| 2014年 | 80.50歲 | 86.83歲 | 83.67歲 |
| 2015年 | 80.75歲 | 86.99歲 | 83.87歲 |

資料來源：日本厚生勞働省第22回生命表（完全生命表）概況（2017年3月1日）

八十三．八七歲。我們可以由這個統計結果得知，無論男性或女性，平均壽命與前年相比皆持續延長中。

另外，如果與一九九〇年的平均壽命相比，男女平均壽命增加了四．九六歲，也就是延長了將近五歲。

國民平均壽命的延長，如果能過得幸福倒也不是壞事，但或許是自己單身，就是無法讓我對「長壽」這件事有著正面的印象。

我的母親高齡九十一歲，雖然目前沒有失智症等問題，但畢竟也到了即使罹患也不會讓人感到驚訝的年紀。所以每當聽到走失人口的協尋廣播時，如果試著去體會一下那些走失者家人的心情，就會讓我感到心痛。對我來說，自己無法做出判斷這件事，比被宣告罹癌更爲可怕。這種說法或許並不恰當，但卻是我內心最眞實的想法。可以的話，我想我會選擇因爲癌症而死去。

因爲罹患癌症，還可以被醫師宣告自己的人生還剩下多少日子。那麼在剩下的日子裡，自己可以頭腦清楚地做好迎接最終人生的準備。如果這樣的事情發生在年輕人身上，或許還有與癌症搏鬥的必要。

但是對已經超過六十歲的我來說，在自己完全忘了自己之前不知道還能活多久這點，更令人感到害怕。

十年前的我曾經說過：「失智症並不可怕。因爲一旦所有都忘記的時候，就沒有什麼是可以害怕的了。」但十年後的我，卻想收回這句話。老實說，別人怎麼想我不清楚，但對我來說，如果連自己都無法認識自己、無法控制自己，那其實和死亡已經沒有什麼區別了。

一位和我同世代的女性友人，就在她準備迎接自己六十歲來臨的前幾個月，因爲癌症去世了。病情的急遽變化，剝奪了她原有的生活，這點我想連她自己都沒有料到。

事情是發生在某天，這位女性友人因爲腰痛，被救護車緊急送往醫院，並且住院接受治療。

雖然她曾透過郵件告訴我，可能是壓迫性骨折的關係，但之後無論我怎麼撥打她的手機，就是無法取得聯繫。後來我試著與她的親友聯絡，才知道原來她已經到了癌症末期，人生所剩無幾。

過去我們曾經有過共同的夢想，「等到六十歲退休後，一起找些事情做吧！老了之後，我們就一起生活吧！」如今卻聽到這樣的噩耗，讓我的眼前變得一片黑暗。

之前兩人飯後道別時說的那句「再見」，現在回想起來，彷彿就是在和我做永遠的道別。

明明她還有很多想做的事情……我想最遺憾的，還是她自己吧！老天究竟在哪裡？眞的很想問問老天，爲什麼要帶走那麼好的人？

友人去世之後，每當我想到她與病魔奮鬥時的恐懼，就讓我覺得不捨。

可是對於已經七十歲的我來說，現在的想法是，雖然六十歲去世有些早，但卻可以不用承受太多痛苦，未嘗不是一件好事。

❶ 廣播前的提示音。

❷ 已屬重度狀態。不僅生活中的飲食、排泄、入浴、更衣等無法自理，就連站立也很難做到。智能上顯著低下。

❸ 負責日本經濟財政、科學技術、防災政事等機關，類似臺灣的行政院。

# 靠不住的社會福祉

日本的社會福祉究竟是怎樣的一個狀態？過去當我全力投身職場工作時，並不會去擔心這個問題。可是隨著年紀增長，似乎也不得不去正視這個問題。或許只有我是這樣吧！在事情還沒有變成切身相關的問題之前，是不會認眞投入或是看待的。當然，除了自己的事情之外，致力於社會活動或是解決社會問題的人也不在少數。但是說來慚愧，讓我對社會中的矛盾感到憤怒進而決定發聲的原因，卻是三一一的福島核災事故。

在日本，凡是年滿六十五歲的高齡者，都具有受領年金的資格，所以我也滿心期待等著受領年金。可是在我實際收到年金之後，卻讓我嚇了一跳。爲什麼呢？因

爲原本可以領到的金額數字遭到削減。實際到手的金額，只剩下一個悽慘的數字。這股憤怒，到底可以向誰投訴？

過去朋友就曾經對我說：「千萬不要相信政府。」但我就像笨蛋一樣，還是選擇相信政府，持續繳交國民年金[1]。而且沒有厚生年金[2]的我，唯一有關的國民年金每次收到時一次比一次少。以後年金會只剩下一半也說不定，說不定到最後什麼都沒有！

基本上，對高齡者來說，年金是他們唯一的收入來源。這些高齡者不僅要接受自己年老體衰的悲慘事實，如果連保障基本生活的年金都要遭到削減，活下去的意志可說是蕩然無存。

另一方面，就是照護保險費用的不減反增。就算打算利用照護保險，但照護額度遭到降低，提高利用上的門檻。感覺就好像原本可以抓在手上的東西，卻又讓它從手中跑掉。這樣的狀況不斷持續下去，到最後什麼都做不了。

此外，有關照護使用費的自費費用也由原本的一成，慢慢提高變成二成、三成。換句話說，即便想要利用這樣的照護福祉，但經濟上的沉重負擔，也只能讓他們選擇放棄。而這就是現今日本的照護保險制度。

對政府來說，照護保險費用的取得相當容易。照護保險費用會從年金中自動扣除。自動扣除是一種相當可怕的方式。這種方式是否會讓食髓知味的政府加強保險費用的徵收呢？如果政府有預算可以使用在防衛費用上的話，那麼請先用在社會福祉上。比起保護國家，更應該要守護國民不是嗎？看到現今政府對待自己國民冷淡，對待美國卻如此親切，眞是讓我內心焦急萬分啊！

那些可以受領豐厚企業年金的人可能不清楚吧！不管在什麼樣的企業工作，或是個人創業，每個人應該都要受到最低年金的保障。經常可以聽到指責沒有提供津貼補助的人很糟糕，但眞的是這樣嗎？日本人很喜歡說「要對自己的人生負責任」。然而會說這話的人，也只不過是有點幸運被這社會所接受，所以生活上沒有遭到多大困境而已，但這卻讓他們以爲自己已經站上人生的勝利組，因而冷淡對待他人。也因爲如此，我很討厭「要對自己的人生負責任」這句話。

在先進國家中，日本的社會保障[3]發展最爲遲緩。今後是否又會因爲國家經濟的持續不振，繼續向人民制定更嚴苛的壓榨政策？如果眞要制定壓榨人民的政策也可以，只是對於那些用最低生活標準過著生活的人們，就得一視同仁地壓榨。唉，要說起這個話題，又會讓我的血壓開始飆升。

至於其他方面，日本也有堆積如山的問題待解決。從過去到現在，想要進入特別養護老人之家都不是件容易的事。要花上幾年的時間等待，也是見怪不怪。可是如今想要進入特別養護老人之家的人數卻開始大幅銳減。乍看之下，似乎是個正向的新聞，難道是政府要增設特別養護老人之家了嗎？可惜事實上並非如此，這只是出於政府的一種政策而已。

「直到迎接東京奧林匹克的二〇二〇年初為止，將減少要照護等級三的人口總數」，政府為了達成這個遠大目標所採取的政策就是，限制相較之下較為輕度的要照護等級二的高齡者進入照護機構。換句話說，用限制申請資格的方法來達到減少進入照護設施機構人數的目標。

此外，另一個進入設施機構人數減少的可能原因，就是等待進入設施機構的申請者的經濟負擔變重了。根據政府規定，部分的服務費用自付額度將由原先的一成調漲至二成，而入住費用及伙食費用的補助也都遭到刪減。

遭受減額的國民年金、昂貴的醫療費用及入住費用、調漲的保險費用及部分服務費用、嚴苛的申請門檻、逐年孱弱的高齡者、照護人力的不足……

看看現在坐在電車博愛座上滑手機的年輕人，實在讓我很難想像他們會有從事照護工作的一天。甚至，感覺還會從他們口中聽到：「老人看起來都髒兮兮的，還是別理算了。」這樣的話。到底是誰造就了這樣灰暗的社會？是政治家？還是爲人父母者？又或是我們國民自己？

不曉得大家是否清楚近來在報紙版面上引起廣泛報導的「二〇二五年問題」？一九四七～一九四九年間出生的高出生率人口世代，到了二〇二五年就成了七十五歲以上的後期高齡者了。這個高出生率的世代，與在它之前或之後的世代相比，人口明顯多出許多。由國立社會保障・人口問題研究所「日本將來推計人口」（二〇一七年四月）的資料可以得知，到了二〇二五年之後，這些後期高齡者人數將多達二千一百八十萬人（占總人口的十八％）。

請大家試著想想，一旦這些人口全部成了需要接受醫療或是照護的角色時會變得如何。順帶一提，由「平成二十九年版高齡者白皮書」的資料可以得知，二〇一五年時的後期高齡者人數爲一千六百九十一萬人，占總人口的十三．三％。

一九四七～一九四九年間的高出生率人口世代，經過七十、八十年後就會成爲高齡者，到時可能面臨老年人口增加的問題，自然也就不會讓人感到意外。可是政治家們所熱衷的，始終只有當前的利益，而將眞正應該思考對策的問題棄置一旁。這或許是他們有著「反正年紀到了自然會死亡」的想法，才覺得不用特別在意吧！

看到面對社會問題如此草率的日本，眞是讓人不禁悲從中來。同時這也讓我認識到了，原來日本雖然因爲高度經濟成長而擠身先進國家行列，卻對社會福祉如此敷衍、隨便。

曾在二〇一六年到訪日本的前烏拉圭總統何塞．穆西卡（José Mujica，當時八十歲）問到：「日本的國民幸福嗎？」對穆西卡前總統來說，能夠造訪分外欣賞的日本，是自己一直以來的夢想。可是這次的造訪卻讓他對日本感到相當失望。

「我不認爲日本國民是幸福的。因爲日本的高齡者是孤單的。」穆西卡前總統在留下了這句話後，便帶著疲累的神情，踏上回國之路。

近年來，有著「拒絕長壽」想法的日本國民似乎有急遽增加的趨勢。這或許就是因爲他們認爲日本的高齡者過得並不幸福的關係吧！

因爲認識到長壽所可能帶來的問題，所以也開始讓我思考自己未來該用什麼樣的方式生活下去。

❶也稱為基礎年金。在日本，二十歲以上，六十歲以下的國民都必須加入的義務。

❷在私營企業工作的人所必須加入的年金制度。與國民年金不同的是，會根據收入來決定繳納比例。

❸國家通過立法，積極動員社會各方資源，保證國民能夠維持生存，保障勞動者的基本生活不受影響的制度。

# 第二章——實地記錄・長壽地獄的現場

——即使如此，你還是希望自己長壽嗎？

# 成排的孟克《吶喊》

有位相當了解日本高齡者問題的友人這麼對我說：「日本也有相當好的老人設施機構，妳應該要去看看。」

「那是什麼樣的地方？」我問。

「在一般自費的老人之家，接受胃造口灌食（在腹部上開個小洞，可以從胃部直接注入營養的方法）的人，只能在自己的房間裡乖乖躺著。但這裡完全採用開放空間，接受胃造口的人不需要躲在房間裡，也可以和大家一起外出。完全不需要躲藏，是一個相當開放的設施機構。」

我在二十年前曾經親眼見過接受胃造口手術的友人父親，躺在醫院有著多張病床並排的大病房裡。當時的我因爲年紀還輕，對於死亡這種議題沒有多大的關心，當然對「胃造口」這個詞彙也一無所知。可是直覺上總覺得哪裡不對勁，所以當時的畫面一直深深烙印在我的腦海裡。

因爲我不知道當我還沉浸在自己的想法裡時，社會上的老人設施機構到底有了多大的進步？於是我滿心期待地前往友人所說的那間自費老人之家。

當我抵達之後，看它的外觀和一般常見的五、六層水泥建築並沒有什麼兩樣。老實說，當下讓我有些失望。

這不是和一般常見到的自費老人之家一樣嗎？

等到我進到裡面之後，了解到在這裡會根據高齡者需要照護的程度，在樓層上做區分。除此之外，並沒有其他讓我覺得特殊的地方。

在還沒來到這裡之前，原本我的想像是，一樓是可以一眼望去、一覽無遺的全開放空間。不分照護程度，所有的入住者都可以很歡樂的聚集在這裡。當然也包括必須躺在擔架上的胃造口灌食病人。但殊不知，這一切都只是我個人的妄想而已。

## 積極接收需要重度照護高齡者的設施機構

自費老人之家也是各式各樣。有些是針對尚可自由行動的健康高齡者、有些是針對需要接受照護的高齡者、有些是標榜居住環境空間寬敞、有些則是著重在入住費用或是使用費用等，實在很難用簡單幾句話來說明。這裡所要介紹的，我想是比較接近特別養護老人之家吧！

這裡和我到目前爲止參觀過的自費老人之家相比，最大的不同應該是「給予那些沒有去處的高齡者一個棲身之地，積極接收需要重度照護高齡者的設施機構」這點吧！但光是這點不就已經非常了不起了嗎？

近年來，「照護人手不足」是許多老人設施機構普遍面臨的問題。也因爲如此，據說在許多設施機構，慢慢地有只接收需要輕度照護高齡者的傾向，而不想接收需要重度照護的高齡者。

這麼一來，那些無法進入設施機構的人，也只能留在家中接受家人的照護了。

對於那些需要重度照護的高齡者來說，老人設施機構的重要性是不用多說，任誰都能理解的事情。

醫院是治療的場所，讓已經不需要接受治療的人辦理出院是理所當然的事情。換句話說，一些沒有治療必要卻長期臥床不起、不良於行的人，理應不能將他們安置在醫院。也因爲如此，出現了一些沒有家人可以協助照護的高齡者。這些高齡者既無法在自己家中接受照護，也無法立即進入特別養護老人之家，可以說是已經走投無路。

這個時候，如果有個地方願意收容他們，他們內心的感激自然不言而喻。

在這裡，不只可以收容胃造口灌食的人，其他像是癌末病患或是需要重度照護的病患也都一併接收。

這裡讓那些無法在家中接受照護的人也能有個棲身之所，這點讓我感到相當驚喜。

目前這個設施機構的入住者約有六十名，其中大約七成的人經診斷判定患有失智症，另外約有十數名的人則是接受胃造口灌食的患者。

由於這裡是自費老人之家，所以與特別養護老人之家相比，費用自然比較高昂些。但也因爲如此，不用花費時間等待，隨時都可入住。這對一些已經走到人生最後階段的病患來說，也成了選擇安寧療護的場所。但也或許其實一些積極接收需要重度照護患者的設施機構正在增加中，只是我不知道而已。

## 死不了的痛苦

終於來到胃造口灌食患者的樓層了。我似乎緊張了起來。

出了電梯門後，首先映入眼簾的是護理站。護理站的前方，就是一般常見的開放空間設計。在這開放空間的正中央擺著一張大桌子，大約有十個斜躺在輪椅、身上掛著灌食管的病患圍繞在桌子四周。另外也有像是臥床般躺著的人。

這裡所帶給我的印象，似乎和介紹我來這裡的友人的印象有些許出入。雖說是開放空間，但空氣中那份不自然的安靜，總讓我感到有些害怕、卻步。即使我主動開口打招呼「您好」，也沒有任何回應。桌子四周儘管圍著將近十個人，卻沒有任何一個人察覺到我的存在。

在那個開放空間裡，明明有人，卻又好像沒人。當下彷彿就此靜止，沒有任何一個人做出動作，也沒有任何一個人說話。

這時的我彷彿如夢初醒般，終於了解到自己有多麼無知。所謂的胃造口灌食，就是在那些無法從嘴巴進食的患者胃部打洞，將營養直接注入胃部。我只知道攝取營養的方法是由嘴巴進食改成由胃部直接吸收，但是實際親眼看到胃造口灌食的患者時，讓我整個心都揪了起來。

因爲無法從嘴巴進食，所以他們的嘴巴也開始逐漸退化，漸漸變得無法開口。

透過我的眼睛所能確認的，就只有患者還活著的這件事而已。或許是肌肉已經僵化的關係，當時在場有位面部毫無表情的女性，當我和她的眼神相對時，感覺到從她眼神透露出來的是在對我訴說：「讓我死了吧！」

靠著胃造口灌食讓生命勉強延續下去，一定很痛苦吧！即使想要結束也結束不了。無法表達自己的意思是很痛苦的，難道也無法用眨眼來表達嗎？我這麼想著。

可是，爲什麼會陷入這樣的狀態？到底是什麼原因造成的？

如果無法進入設施機構，又有誰可以照護那些有需要的人？如果不想讓自己在將來有這樣困擾的話，我認爲趁著現在還能自由活動、表達自己意思的時候，向身旁的家人或是友人交代清楚，「是否希望採用胃造口灌食」或「是否希望接受維生治療」等是有必要的。

每個人只是靜靜地望著天空。

有些人發出微弱的聲音。

有些人雖然還活在人世，但實際上彷彿已經往生他界。

這些人雖然身體這個軀殼還活在人間，但軀殼裡卻已經少了靈魂。明明靈魂已經前往他界，人們卻強行對他們的身體注射營養，讓他們的軀殼可以延續下去，阻止他們的死亡。

雖然我覺得與其臥床在自己的房間，不如在開放空間，和其他人一起度過比較好。但不知怎麼地，卻有一股讓我想要將他們身上管子一個個拔起的衝動。

那些維生裝置一旦裝上之後，便再也沒有拔下來的一天。

我想在這些患者身旁照護他們的工作人員也是痛苦的。如果對患者投入過多感情的話，勢必很難在這裡工作下去。

我的頭腦裡，浮現了孟克《吶喊》這幅畫中充滿恐懼的臉。在我眼前的這些人，似乎每個人都在驚恐地吶喊著。將父母送進老人設施機構，因爲看到父母的表情而心生恐懼，從此再也沒有來探視過父母的人也大有人在。

## 對一百零一歲高齡者進行維生治療的醫師

前文中我曾經提到，兩年前我在自己設立的團體「NPO法人SSS NETWORK」中，針對「你希望長壽嗎？」這個問題進行問卷調查。在當時所有回答「不希望」的人之中，一位七十六歲的美智子（化名）女士寫下這樣的理由：

「我不希望自己長壽。因爲我的母親雖然活到一百零一歲，卻在她九十七歲時罹患阿茲海默症。現在待在設施機構中，靠著胃造口灌食度過每一天。每當我看到母親的樣子，就會希望自己可以早點死去。」

現代人常說「人生一百年時代」[1]。雖然父母年齡超過九十歲的人大有人在，但

是在我周遭卻沒有人的父母是超過一百歲，所以我也不清楚到了一百歲的時候，究竟要面對哪些現實。

從問卷實施以來已經經過兩年，但無論如何，就是無法壓抑住我想要向美智子請教的心情，於是我決定與她聯繫。

「喔喔！選擇不希望長壽這件事情，我還記得。」電話中傳來明快的聲音。

當我向美智子表示希望可以多了解一些有關她那一百零一歲，正接受胃造口灌食的母親的事情時，她當下也欣然接受。

## 母親一百零三歲逝去時的模樣

美智子的母親在二〇一六年秋天，以一百零三歲的高齡逝世。

而美智子的丈夫也因爲生病的關係先行離世。由於兩人膝下沒有子嗣，所以美智子是一個人過著獨居生活。雖然美智子有四個兄弟姊妹，但也因爲各自擁有家庭，所以分散在日本各地。目前居住在東京都的，只有美智子一個人而已。

我原本以爲美智子一直以來都是與母親同住。但實際上，美智子的母親直到九十七歲之前，都是獨自一人住在獨棟房子裡過著獨居生活。

「九十七歲之前都是自己一個人？天啊！真是太厲害了！太厲害了！」

因爲我實在太過驚訝，所以「太厲害了」這句話不自覺地接連脫口說出。

根據美智子的說法，她的母親直到九十一歲之前，料理、洗衣、打掃、採買等生活中的大小事，完全不假他人之手，全部都由自己打理。頭腦也還算靈活，只是隨著年齡增長，行動上多少有些不便，但即使如此，仍然可以不依靠枴杖行動。

聽到美智子這麼說，讓我不禁想起自己九十一歲的母親，因爲她們兩人實在太過相似，所以不自覺地笑了出來。

但終究歲月不饒人。美智子的母親在大約九十四歲時身體明顯變得衰弱，便同意將家務委託他人幫忙。美智子接著對我說：

「或許當時母親自己也知道，一個人的獨居生活對她來說已經到達臨界點。我也和其他兄弟姊妹商量過，但每個人都有自己的家庭，沒人有餘力將母親接去照顧、扶養……」

「四個兄弟姊妹？沒有任何一個人？」

「是的。」

「母親其實是想和弟弟一起生活的，只是遭到我弟媳強烈反對……」其實類似這樣的事情經常耳聞。如果換作是自己娘家的母親，雖然不願意，但我想還是會照顧吧！另一方面，會說出「不想照顧婆婆」這樣的話，我想也是發自她內心的眞實想法吧！畢竟比起父母親，每個人還是會優先考量自己的家庭。一想到如果家裡突然來了一位九十四歲高齡的老人……這點我也是能夠理解的。

這件事情的最後，是美智子遠在九州的姊姊願意擔負起照顧母親的責任。可是，這回又換成母親說她不想離開東京。因爲對一直以來生活的家有著深厚感情，所以將來也希望能在自己的家中死去。在母親的堅持下，只好讓她繼續過著一個人的獨居生活。

我知道這麼問很失禮，但我還是詢問了美智子：

「長壽的高齡者大約從幾歲開始身體會急遽衰退呢？雖然您母親到了九十四歲各方面仍相當健朗，但畢竟不可能永遠這樣下去……」

面對我的問題，美智子一瞬間陷入思考。隨後，她做出這樣的回答：

「有些人活到一百歲，還能像九十多歲一樣健朗地生活。但我母親的情況，則是在她九十七歲時起了變化。

「在她九十七歲時，經醫師診斷出罹患阿茲海默症，同時醫師也判定母親已經無法再繼續一個人過著獨居生活。一般情況下，身旁家人可能會開始手足無措，不曉得接下來該怎麼辦。但幸好幾年前在哥哥的協助下，就已經事先申請了一家提供日間護理服務的特別養護老人之家的入住資格。」

在第一章中我們也曾稍微提到，想要申請首都圈特別養護老人之家的入住資格，可說是難上加難的事情。即使提出申請，等到眞正可以入住爲止要花上幾年的等待時間也不足爲奇。

由於申請資格被嚴格規定，依照常理來看，申請入住的人數應該可以得到控制。但是從厚生勞働省於二〇一七年三月二十七日的公告資料來看，二〇一六年四月的時間點，希望進入特別養護老人之家卻未能進入者的人數，東京都約有二萬四千八百一十五人。日本全國則有三十六萬六千一百三十九人。

「我哥哥早在母親九十四歲、發現母親身體狀況急遽下降時便提出申請。既然無法在家中照護母親，也只好寄望老人設施機構了。雖然我們很想尊重母親的意願，但也必須考量實際狀況是否可以做到才行。」

「當時能那麼做，眞是太好了。」我說。

「是呀！當時眞的是對我哥哥充滿感激，讓我鬆了一口氣！」

## 可以在父母面前替他們拒絕維生治療嗎？

「母親能夠順利進入特別養護老人之家，身爲子女的我們也鬆了一口氣。但就在她一百零一歲的某天，我們接到來自老人之家的通知，說母親突然倒下了。」

美智子趕到醫院時，母親已經被診斷出腦梗塞。當下，醫院方面並沒有向美智子做任何說明，便告訴美智子要對母親進行鼻胃管。

「什麼！當場就決定了？醫院方面完全沒有向你們說明鼻胃管只是爲了維生的一時處置？也沒有徵詢你們的意見嗎？」

這樣的處置不會太過野蠻嗎？畢竟眼前的病人已經是一百零一歲的高齡者了。醫院中竟有這種醫師存在，眞是令人難以置信。但無奈的是，這是千眞萬確的事實。

「當我在醫院見到母親時，她已經是無法進食，也無法發出聲音的狀態。就連意識也陷入模糊不清……」美智子這麼對我說。

可是醫院方面看到美智子當下無法做出決定的樣子，反而用更加強硬的態度說：「如果妳要這麼放著，什麼都不做的話，現在就請把妳的母親帶回家。」

醫院雖然是爲病人進行治療的場所，但難道眞的就像那位醫師所說的，「不接受治療就請回家」嗎？

我也知道自己接下來的話可能有些多事，但我不得不這麼說：「一百零一歲的高齡者應該已經不需要接受維生治療了吧？」

「當時的兄弟姊妹中，因爲有一個人不希望母親受到鼻胃管的折磨，所以提議讓母親接受胃造口灌食。在其他人也同意之後，一百零一歲高齡的母親就這麼開始了胃造口灌食生活。」

「嗯……」

「原本安排入住在特別養護老人之家的母親是不需要接回家中照護的，但當時在醫院醫師強硬措詞的引導下，『家』卻成了我們思考是否可以讓母親接受照護的場所。『在家接受照護是行不通的。既然這樣的話，就用胃造口灌食』這種反射性的思考，讓我現在後悔不已。

「儘管平常時候可以冷靜思考做出判斷，但突然間經醫師這麼宣告，也有可能失去判斷的能力。

「當然也可能與當下氣氛有關。看到母親正在與死神拔河，如果選擇『什麼都不做』的話，也是需要相當的決心。對家屬來說，這真的是很難的抉擇。後來我才知道，據說母親生前是希望『尊嚴死』（也就是拒絕維生治療）的。」

就這樣，美智子的母親在她一百零一歲的高齡時做了胃造口，一百零三歲時逝世。這兩年間她究竟是怎麼過的？我想或許就像孟克的《吶喊》一樣吧！

我向美智子詢問一個相當失禮、也相當令人難以啓齒的問題。但我實在很想了解超過一百歲還接受維生治療的身體狀態，究竟會變成怎樣。

當我這麼一問，「就剩皮包骨了。」美智子馬上脫口說出。不僅手腕僵化，無法行動，雙腳也在彎曲的狀態下僵化，就連想要幫母親做個翻身都不容易，所以也引發褥瘡。「瀕臨死亡的人，身體會變得僵化。」美智子這麼說。

去探望也毫無反應、看著面無表情的母親是件令人難受的事情。「但是耳朵好像還可以聽得到的樣子。」美智子似乎突然想起什麼似地這麼對我說。

「以前孫子去探望她時，對著母親說：『奶奶，您現在很痛苦吧？』那時母親似乎還會回應似地點頭……」

## 不存在胃造口灌食的歐美國家

在日本，胃造口灌食被視為一種標準的急救措施，同時也被頻繁地使用。但在歐美卻正好相反。我在二〇一五年時曾經到荷蘭考察高齡者的住宅等問題。當時我才知道，在荷蘭幾乎沒有所謂「維生治療」這樣的觀念。

說得仔細一點，如果是因為進行食道手術的關係，暫時性地使用胃造口灌食的事例是存在的。如果是這種情況，一旦等到病情穩定之後，自然就可以卸除。但如果是為了延長高齡者的壽命而施行胃造口，則是沒有的。

相信各位讀到這裡可以了解到，在日本被視為理所當然的胃造口灌食，對世界上的其他國家來說並非那麼理所當然時，又是怎樣的一個想法呢？

如果要說「爲什麼荷蘭不採用胃造口灌食做爲開啓維生治療開端的方法」的話，我想應該是與歐美人的生死觀有關。歐美人與日本人之間存在一個相當大的差異是，對歐美人來說，由於生命或死亡等議題從小就開始學習，所以每個人都有屬於自己的一套生死觀。

對不少日本人來說，「死亡是一種忌諱」、「死亡是令人害怕的」、「有關死亡的話題不能隨便提起」。所以除了避免有關自己死亡的話題之外，有關家人死亡的話題也有迴避的傾向。因此一旦年邁的父母面臨生死關頭時，只能對醫師做出「請不要讓他們死去」這樣的請託。

接受維生治療的病人的痛苦，是家人所無法體會的。但家人只會用自己的想法向醫院請求，「一定要讓他活下來」，以爲這就是一種對至親愛的表現。胃造口灌食之所以會這麼頻繁地被使用，除了醫師的決定之外，家人的請求也是原因之一。

這樣的說法或許有些強烈，但我覺得這就是家人的無知。因爲對「維生治療」的無知，才造成這些悲劇發生。

我想各位或許知道，在北歐不會有臥床老人的情況發生。對於一直有著年老之後就會臥病在床這樣觀念的我們來說，等到眞正老了之後又會變得如何呢？

當然，日本的確有不少好的醫院與醫師，但凡事都交由醫師作主這樣的想法，我想還是趁早改掉比較好。

如果不這麼做的話，有朝一日一定會給自己及家人帶來不幸的。由於長壽現象持續進行的關係，將來我們勢必得去面對有關「維生治療」這個議題。如果能夠趁這個機會好好學得正確知識，我想將來一定可以在某個地方做到保護自己和家人。

眞正的愛，不是拚命地糾纏醫師，「一定要讓他活下來」，而是要用正確的知識來幫助他們避免承受更多的痛苦。

在歐洲，基本上是不會對無法從嘴巴進食的高齡者進行胃造口灌食的。因爲他們有著「如果已經到了無法從嘴巴進食的地步，就代表離死亡也不遠了」這樣的價值觀。

「自然臨終」這樣的觀念，視作文化也好、價值觀也罷，都已經根深蒂固在歐洲人的生活中。這是與對醫療有著崇高信仰的日本人的明顯差異。在日本，對生死抱持明確個人想法或觀念的人不多，多數人還是選擇交由醫師這類專業人士來決定。究竟該選擇自然臨終？或是維生治療？現在正是我們好好學習有關維生治療知識的時候。

❶指活到一百歲不是什麼稀奇的事。

## 鼻胃管的痛苦更甚胃造口

「每個星期六是我負責照護母親的日子。」聽到友人這麼說，便向她提出讓我同行的請求。在她了解我同行的目的之後，便欣然決定這個星期六就前去造訪。

友人的父母住在世田谷安靜住宅區裡一棟看起來小巧整潔的獨棟住宅。雖然沒有庭院，但看起來就和一般住宅沒有什麼兩樣。完全沒有因爲是年老夫婦的住宅，而讓人有種荒廢的淒涼感，反倒像是時常有人出入的感覺。

「我們從來沒有帶朋友來這裡，不過母親是個喜歡與人接觸的人，所以沒有關係的。」聽到友人這麼說，讓我稍微鬆了一口氣。

## 直到死前都要忍受痛楚的生存意義何在？

友人的母親被安置在家中一個看得到廚房、約六張榻榻米大小的房間（約三坪大小）。雖然出現在我眼前的同樣是長期臥病在床的老人，但是能在自己家中接受照護這點，就比在老人設施機構中溫暖許多。即使對照護老人的家人來說是件相當辛苦的事，但對老人來說卻是件何等幸福的事啊！

病榻上友人母親的白髮看起來不僅美麗，還維持著相當的髮量。用梳子幫母親梳髮時，也不會糾結，相當好梳。肌膚也還保持在通透白皙的狀態。可是卻從鼻子插著注入營養的鼻胃管。如果沒有鼻胃管的話，看起來就像是一般老後應有的姿態而已。

眼前高齡九十歲的友人母親，是在她八十五歲時因腦栓塞而倒下。由於友人的父親了解母親對自己的家有著無與倫比的感情，所以當時沒有選擇設施機構，而是讓女兒及媳婦在家中幫忙照護。另一方面，也因爲與醫院院長頗有交情的緣故，讓他們在居家照護醫療上不會感到有所不安。

「因爲父親相當愛母親，所以選擇在家中照護也是很自然的事情。而且在初期照護階段，母親也還有說話的表達能力……」

但是當我問「是誰決定讓母親接受鼻胃管的？」友人回答：「是我父親。」

友人雖然相當了解維生治療，但顧及眼前的父親不管用什麼方法都想讓母親活下來這點，讓她怎麼樣也無法開口阻止父親。

## 痛苦難忍的鼻胃管

據說接受鼻胃管的患者，每個月都有一次要到醫院接受更管的必要。

「更換鼻胃管的管線是很痛苦的。」友人皺著眉頭說。

「更換鼻胃管管線？光是插入管子不就已經很不舒服了嗎？」聽我這麼說，友人直點著頭。

其實我也有將管線從鼻子插到胃部的經驗。二十年，甚至更久之前，我因爲胃部不舒服，就請醫生幫我檢查。當時醫生在沒有任何說明或是告知的情況下就對我說：「好，現在稍微把下巴抬高一些。」便直接將管線從我鼻子插到胃部。眞的是在什麼說明都沒有的情況下！那時不舒服的感覺，直到現在我都還記得。但因爲插入沒多久後就幫我拔出，所以對那位醫生並沒有太多的不滿。可是我是因爲對照胃鏡這件事情感到恐懼才去找他諮詢的，沒想到就這麼突然地將管線從我的鼻子插入胃部，抽取胃液，這到底是怎麼一回事？現在光是想到，就讓我氣憤不已。

長期從鼻子插入鼻胃管的不適感，會就這麼與生命共存下去。即使稱不上痛，但那種不適感也是一種令人難以忍受的痛苦。

「讓生命延長下去」究竟是怎麼一回事？雖然這個想法會因人而異，但我並不想靠著維生治療走到生命終點，我想友人的母親當然也沒有這樣的打算。因爲沒有痛苦、不受折磨地走完自己最後的人生，才是每個人的想望。

我曾聽過葬儀社的人員說過，與自然死亡的人相較之下，接受維生治療的人在死後遺體會相對變得比較重，原因據說是因爲維生治療期間接受的點滴或是營養補充等，會造成多餘水分殘留體內。而且死後的面容會較爲猙獰，所以爲了不讓家屬感到不忍，葬儀社的人員都會花費相當大的功夫來爲死者梳化遺容。「只要看到遺體，我們就可以知道他們生前是過得多麼痛苦。」葬儀社的人員這麼說著。

順道一提，自然死亡的人的面容是相當安詳的。

## 請救救我的父親！

和男（化名）的父親在他八十歲時，因為腦溢血被緊急送入加護病房。雖然當時醫院立即進行手術，可是當父親被送回一般病房時，已經是沒有意識的狀態了。

雖然現在的和男不僅加入日本尊嚴死協會，也對維生治療有著相當的了解，但是他對父親腦溢血當下對維生治療一無所知的自己相當懊惱不已。

「父親倒下的事情，讓我們兄弟都慌了起來，所以完全交由醫生全權判斷。」

「醫生，請救救我的父親！請您救救他！」當時我們兄弟全部到齊，在醫院裡一起這樣懇求醫生。但是我們萬萬沒有想到，父親竟然就這麼變成植物人……

## 「讓我死了吧！」的哀號

「從父親接受鼻胃管開始到他過世的這兩年間，插上去的管子就再也沒有拔下來過。施加在父親身上的，除了從鼻子插入注入營養的管子之外，還必須在手腕上施打點滴。」說到這裡，和男似乎回想起父親當時的樣子，突然低下頭，難過了起來。

從鼻子插入注入營養管線的痛苦可以想像，但是一般卻很難將依賴點滴注射這件事視爲維生治療。實際上，點滴也是維生治療的一種。

這兩年間，由於和男父親的手長期插著點滴針頭，皮膚也變得乾黑如炭。插針的位置也不止一處，從手背到腳背這些神經最爲敏感的部位都曾施過針。

看著皮膚乾黑如炭、日漸消瘦的父親，和男所能做的，也只是在病榻一旁呼喚著父親罷了。雖然當時的父親並沒有任何反應，可是現在回想起來，或許父親其實一直在哀號著「讓我死了吧」。

更令人感到恐怖的是，由於和男家境富裕，所以相當受到醫院的禮遇。依照規定，一般人最多只能入院三個月，可是和男的父親在醫院一待便是兩年。不僅如此，從醫院的立場來看，如果光靠點滴是無法獲取利益的，所以每隔三個月就對和男的父親進行可有可無的手術。

這兩年間，和男支付給醫院的費用就高達二千五百萬日幣。

## 令人懊悔的無知和全權交付主義

「無法發出聲音，只是還維持著生命跡象的父親，是否能夠聽到我們所說的話我不清楚，但不得不說，因爲身爲家人的我們對於維生治療的一無所知，以及對醫院的全權交付，讓父親的最後人生走得相當悽慘。如果換個立場來想，我們會希望自己像這樣走完最後的人生嗎？」

聽到和男這些話，讓我清楚地認識到，必須趁著我們還健康的時候，好好地將自己的意願傳達給身旁的家人。而身爲病患的家人，也必須好好學習有關尊嚴死的相關知識。

換句話說，只是全權交付給醫院，或是只有自己加入尊嚴死協會是不夠的。爲了避免維生治療的不當被施行，日常生活中與家人的溝通是相當重要的。

原本以爲對父親有幫助而施行的維生治療，卻讓他受到這麼大的折磨。只因爲我們希望父親可以繼續活下去，所以強行讓他最後的人生過得如此悽慘。這究竟是出自對他的愛？還是只是家人的自我滿足呢？

## 殺人醫院

單身的裕子（化名）和母親同住在一個屋簷下，母女兩人的感情好到可以說是「形影不離」。某天，樓下突然傳來「啊～」的一聲哀號。當裕子趕到樓下時，只見母親已經倒下，呈現無法動彈的狀態。送醫後，診斷出是腦溢血。當時裕子的母親七十八歲。

「因爲母親健忘的次數愈來愈多，所以之前就開始每個月一次到大學附屬醫院的健忘門診就診。在醫院接受詳細檢查後，醫生表示那只是因爲老化所引起的健忘。」

## 從私人醫院、復健醫院，到在宅照護

「雖然緊急叫來救護車將母親送到經常就診的醫院，但還是讓我們在救護車中等了約一個半小時，最後醫院還以滿床爲由拒絕接收母親。

「妳能相信嗎？那還是我們經常去的大學附屬醫院喔！現在我再也無法相信大學附屬醫院了。」裕子憤怒地說。「最後接收母親的，是我們住家附近一家以庸醫聞名的醫院。

「那裡是我最不想將母親送去的醫院。但當下的我不能說。總之，如果不趕緊找到可以接收母親的醫院，肯定必死無疑。

「母親發生腦溢血的當下，不要說從嘴巴進食了，就連水也不能喝。意識模糊的狀態下，也有吞嚥上的障礙[1]。」

對當時的裕子來說，母親到底會變得如何完全沒有頭緒，一心只是想著不要讓母親死去。

就在母親住進那家以庸醫聞名的醫院隔天，醫生在沒有任何告知的情況下，爲了將營養從鼻子注入身體，逕自替裕子的母親進行了鼻胃管手術。當時的裕子能夠依靠的也只有醫生了。

「母親已經過世五年了。直到現在我還一直很後悔當初爲了讓她活下去，讓她接受鼻胃管這件事。都是我的錯，肯定讓她受了不少苦吧。」裕子自責地說。

那家醫院裡的許多病患都會受到維生治療，而且那些病患幾乎都是沒有意識，身上掛著管子的。看到眼前這樣的景象，裕子直覺告訴自己：「要是繼續待在這家醫院，母親肯定會被他們害死。」於是趁著過年期間，將母親轉往復健醫院。

「就算要死，也不能讓母親死在那樣的庸醫醫院。」裕子堅定地說。

「那麼母親在轉到復健醫院後，情況又變得如何呢？」當我這麼問裕子時，只見她的表情又是一陣扭曲。「在那裡也好幾次因爲『吸入性肺炎』❷的關係，發出病危通知呢。」裕子說。母親也因爲試圖想要拔掉管子，所以雙手還被綁在床上。

「看了之後心裡眞的很難受。眞的好可憐，好可憐。母親不斷央求地說：『幫我拔掉！幫我拔掉！』可以感覺出她在復健醫院已經到了無法忍受的極限了。」

根據規定，復健醫院的入住時間最長只能六個月。所以裕子藉著這個機會，決定讓母親在家接受照護。

「不管是母親，還是裕子妳，應該都受到相當大的煎熬吧！」聽到我這麼說，裕子跟著嘆了口氣。

「因爲您對維生治療相當清楚，所以可能會覺得我的做法像個笨蛋，但我眞的很想讓母親繼續活下去，所以無論如何一定要想辦法讓她吃點東西。我也聽說過有些人因爲這樣，後來開始變得可以進食的案例。我因爲聽信了這些話，才這麼拚命地……我實在不想失去母親，因爲我只有一個人，母親就是我唯一的親人。

「有時，當母親的意識稍微清楚時會這麼對我說：『反正妳也一個人，不如就跟我一起死了吧！』比起自己的身體，母親更擔心孤零零的女兒。

「讓母親在家接受照護這件事已經確定。因爲母親曾經罹患胃癌，當時已經選擇將胃整個摘除。所以在復健醫院時，爲了經由管子注入水分、高熱量輸液到體內，只能排除胃造口灌食，直接在母親的食道上開洞。」

## 即使母親逝世超過七年，對當時的維生治療仍懊悔不已

因爲是自己最愛的母親，所以身爲女兒的裕子不惜花費金錢，一心只要母親可

以活下去。首先是在復健醫院時，因為只有個人病房，每天的病房費用是一萬二千日圓，每個月便必須支付將近三十萬到四十萬日圓的病房費用。再加上每個月的醫療費用大約是二十萬到三十萬日圓，合計起來是個相當驚人的數字。

自從決定在家照護母親後，為了讓母親的輪椅可以方便進出家中，裕子還將家中做了改建。這些花費就像流水般一去不復返，但裕子毫無怨懟。因為裕子早就有了只要是為了母親，不管花費多少都願意的覺悟。

「那麼一個人在家照護母親又是如何呢？」裕子的回答出乎我的意料之外。

「因為可以一直和母親在一起，所以我覺得很幸福。雖然一個人照護母親確實很辛苦，但那種幸福是千真萬確的。換尿布也完全沒有問題。完全不會讓我感到厭煩。」

「原來也有裕子的這種情況啊……」我只能心裡這麼想。一旦面臨嚴峻狀況時，或許親子間的關係就可以徹底地顯現出來。如果今天這種情形換作在我身上，或許會被指責無情，但我會開始尋找適合母親的設施機構。到底會不會走到那一步我不清楚。但是不接受維生治療這件事，我確實已經和母親談過了。

在和裕子的談話中，讓我驚訝的是，雖然裕子的母親深愛著自己的女兒，但卻沒有打算依靠女兒，是個相當獨立自主的母親。因此裕子的母親爲了學習如何可以不依賴家人，靠著自己生存下去的方法，開始忠實地閱讀我的著作。

「就是這樣，在母親的抽屜裡，不只擺著您的書，還有您設立的團體『NPO法人SSS NETWORK』的活動簡報以及文宣呢！」

這讓我相當驚訝。

「什麼！會這麼做的不是單身的妳，反而是妳的母親？」

聽到我這麼說，裕子笑了起來。

「就是呀！母親讀著您的書，學習『女性如何單身終老』。而且我之所以會知道『NPO法人SSS NETWORK』這個團體，也是母親告訴我的。」

聽到這裡，我不經脫口說出：「還請妳母親多多關照了。」讓裕子更加覺得好笑。

## 「我會希望安樂死。」

對我來說，只要我的存在，哪怕是只有對一個人有幫助，也會讓我覺得開心。最近，寫作這件事讓我感到有些心力交瘁，本想辭退這項工作的，但聽了裕子母親的話之後，似乎又燃起了我寫作的動力。

裕子的母親在自己最愛的女兒的照護下，在家中度過七個月後，最後安詳地辭世了。如今，裕子的母親已經逝世七周年，但對裕子來說，到底當初讓母親接受維生治療是對還是錯這個問題，仍然困擾著她。

裕子也不斷地反問自己：

「難道害死母親的其實是我？」

「母親是因為我才死的嗎？」

「讓母親接受維生治療這件事情到底對不對？」

雖然有些難以啓齒，但我還是開口問了裕子：「看到母親到死亡所經歷的這些過程，要是換作是妳，會希望怎麼做呢？」

接著，裕子用斬釘截鐵地口吻對我說：「我會希望安樂死。我希望在日本安樂死也能盡早被認可。當然，維生治療是絕對不可行的。」

❶從嘴巴攝取的水分和食物，經由咽喉推送到食道和胃的過程無法順利進行。

❷口腔裡的細菌或是食物因為吞嚥不慎掉入氣管，或是逆流的胃酸進到氣管所引起的肺炎。原本應該是通過食道進到胃部的食物，不慎進到氣管。

## 安樂死合法化落後的日本

一般財團法人日本尊嚴死協會的會員急速增加中。這可說是對於維生治療心存質疑的人數增加的證據吧！至二〇一七年七月的會員人數已達十三萬人。

對於「尊嚴死」這個議題，不同的人抱持著不同的想法，認為這是「捨棄弱者」想法的人也相當地多。

二〇〇五年時，日本尊嚴死協會就曾向參眾兩議院提出「尊嚴死合法化之相關請願書」。但之後是否有被正視並確實檢討就不得而知了。另外，超黨派的「尊嚴死合法化議員聯盟」重新活動，並向國會提交法案，但因為提交法案的內容尚未經過確認，所以我在這裡先不談論，但這仍然不足以被視為合法化。

下面，我想先簡單說明「安樂死」與「尊嚴死」的差別。

## 所謂「安樂死」

對於無法施救的病人，依照他本人的意願，爲他施行沒有痛苦的死亡方式（參考書目《廣辭苑》）。

安樂死又可以分爲「積極的安樂死」與「消極的安樂死」兩種。一般我們所說的安樂死，是指「積極的安樂死」的情況比較多。

所謂「積極的安樂死」，是指根據病患本人的意願，自行服用致死性藥物以達到死亡目的的行爲，或是根據病患本人的意願，藉由他人（一般是由醫師）之手蓄意協助病患進行自殺，以達到死亡目的的方式（參考來源「維基百科」）。

## 所謂「尊嚴死」

所謂「尊嚴死」，是指不對病患做多餘的急救措施，給予病患有尊嚴的臨終對待的同時，結束生命的方式（參考來源《知惠藏》）。

關於安樂死和尊嚴死，雖然目前無論是世界衛生組織或是世界醫師公會等國際性的組織機構，都還尚未有明確的定義。但是，「根據病患本人意願來執行」這點則是共通的。

在美國，尊嚴死幾乎已經被所有的州所認同，是得到法律許可的。

在歐洲，像是英國、法國、德國等國家也幾乎已經合法化。在歐美，基本上都是由病患本人決定是否要接受維生治療。

在亞洲，「尊嚴死」這個議題也被熱烈地討論著。比方說，臺灣在二〇一六年通過的《病人自主權立法》❶。而鄰近日本的韓國也於二〇一八年開始實施終止維生治療。看著世界各國這樣的推進過程，反觀日本卻仍止步不前。能夠體認這件事情重要性的日本人，究竟有多少呢？

日本尊嚴死協會理事長岩尾總一郎，在該協會官方網站中的「協會信息—海外現況」（二〇一四年一月二十日）這篇記事裡這麼寫著：

去年五月，參加於瑞士蘇黎世所召開的國際會議時，世界各國對「在日本，臨終醫療事前指示書尚未合法化」一事感到震驚。對那些早已實施多年的國家來說，當然會感到震驚。希望日本可以早日擺脫「原地止步國」這樣的負面印象。

## 究竟什麼是尊嚴死？

根據日本尊嚴死協會的說法，「什麼是尊嚴死？」的答覆如下：

所謂尊嚴死，是指對於罹患不治之症的患者，根據其本人意願，在病危之際拒絕進行任何維生的急救措施，而是在自然狀態下臨終的方式。由於本人的意願是在健全情況下做出判斷，所以相當重要。由此來看，尊嚴死與在自己決定下自然臨終是具有同等意義的。

## 什麼是臨終醫療事前指示書？

那麼，同樣是由「日本尊嚴死協會」所提倡的「臨終醫療事前指示書」到底是什麼呢？下列我同樣引用該協會官方網頁的內容。

所謂臨終醫療事前指示書——

即使復原之路遙遙無期，隨時都有可能像風中殘燭般消逝的生命，靠著現代的醫療水準，是有可能讓生命延續下去的。像是裝設人工呼吸器，讓氧氣可以送達體內，或是在胃部進行胃造口手術，透過裝設的管線將營養送進體內。

一旦裝上這些維生裝置，想要再將它拔下就不是件容易的事了。因為這些裝置一旦拔下就會導致死亡，所以醫生們也不會輕易替病患拔下。

對於抱持「不管用什麼方法都要活下去」這種想法的人們的意見，應該給予尊重。但另一方面，與其被迫靠著管子或機器維持生命跡象、與病魔搏鬥，抱持「既然已經沒有復原希望，不如平靜地走完人生」這種想法的人也為數不少。

希望「平靜死」和「自然死」的人們，趁著自己還健康的時候明確記載清楚，這就是臨終醫療事前指示書（Living Will）。

也就是說，當身體復原已經無望，已經無法正常進食時，為了讓生命多少可以延長下去，你會希望接受維生治療嗎？或者你根本不這麼希望呢？如果你不這麼希望，那麼趁著自己還健康的時候，事先將自己的意願寫下來，就是所謂的「臨終醫療事前指示書」。

意識模糊的狀態下，是很難將自己拒絕維生治療的意志傳達給身旁的人。另外，當被救護車緊急送往醫院時，為了搶救生命，與時間拔河，被裝上呼吸器的情況也不少見。一旦被裝上之後，要想再拔下來就不是件容易的事。所以在走到這步之前，將自己的意願確實寫下是有必要的。

日本尊嚴死協會會在申請入會時，將臨終醫療事前指示書一併交付申請者簽名，完成後再將附有原本證明的兩份影本交付會員。這麼做的目的並非為了會員本身，而是為了讓會員能將影本交付給身旁的家人或是自己的重要關係人。

「臨終醫療事前指示書」（二〇一七年七月改訂版）的內容如下：

「臨終醫療事前指示書」——

此份指示書內容，是在我本人精神狀態健全下所寫下的自己想法。因此，若非在我本人健全狀態下親自廢棄該份指示書，或是提出撤回該份指示書的情況下，此份指示書將具有效力。

◎本人病情經由現代醫學診斷判屬不治之症，或是生命所剩不多的情況下，拒絕接受只為延長生命機能的維生措施。

◎但若是為了減緩病情疼痛，同意接受適當麻醉等緩和病情的醫療措施。

◎當本人陷入持續性植物狀態❷時，同意撤除所有維持生命措施。

在此，對於上述本人的希望能確實給予協助並執行的諸位由衷表示謝意，同時諸位在遵照本人意願下所給予的協助及執行的行為等所有責任，都由本人自行負責，在此註記。

與恐怖攻擊的防範因應對策，或是奧林匹克賽事相比，更應該重視的人的尊嚴問題，在這個國家絲毫沒有朝向法制化發展的動作。難道是因爲認爲這與自己無關嗎？或是這會牽扯到厚生勞働省或是醫師公會的關係？

一旦選擇尊嚴死的人數增加，手術及醫療相關費用在短減的同時，也會影響醫師從中獲取的報酬。難道比起人的生命，醫師的獲利更應該優先重視嗎？比起人的生命，製藥公司的獲利更應該優先重視嗎？

最近經常可以看到施行人工透析的專門診所。是我們這種行外人的錯覺嗎？感覺接受人工透析的患者有愈來愈多的傾向。老實說，直到寫作這本書之前，我還不清楚原來人工透析也可以算是維生治療的一種。一旦開始了人工透析，直到生命結束前，就再也沒有終止的一天。對於我們這些不懂具體醫療內容的人來說，經常只要醫生說：「就用人工透析吧！」我們就只有同意的份。如果沒有這方面知識的話，事情發生的時候會被怎麼處置都不知道，想到就讓人覺得可怕。當然，我想會詳細說明的醫師仍大有人在，但是，「人工透析也是維生治療的一種」這樣的話會在當場說明嗎？

我試著向一位在內科擔任醫師的友人請教時，友人皺著眉表示，實際上在日本一些沒有必要接受人工透析的患者也正接受著人工透析。換句話說，對醫院來說，接受人工透析的患者就像是取之不盡的金庫。

我也仍有學習不足的地方。原來所謂維生治療，並非只有胃造口灌食和鼻胃管而已。

❶簡稱病主法，二〇一九年一月六日正式實施。

❷Persistent Vegetative State，ＰＶＳ。指大腦雖然完全或大半失去功能，但仍有生命狀態的人，即俗稱的植物人。

# 什麼是維生治療？

聽到「維生治療」，多數人腦中浮現的不外乎是「人工呼吸器」、「胃造口灌食」這些東西吧？

所謂維生治療，就是「針對根治或是復原無望的患者，企圖延長他們有限生命的治療」（出處《日本大百科全書》）。因此，實際的維生治療，包含了各種各樣的醫療措施。

## 維生治療的方法

雖然「拒絕維生治療，期望自然死亡」的人似乎正在逐漸增加中。可是一旦到

了這個時候，在確實了解維生治療具體方法的前提下，「什麼樣的情況」、「想要拒絕什麼樣的措施」都必須明確地將自己的意思一一表明才行。

維生治療主要有以下這些措施：

**①心肺復甦**

這是當患者的心臟或呼吸停止時所採取的治療手段，像是心臟按摩、心臟電擊，或是氣管內插管等。心臟按摩對一些骨頭脆弱的高齡者來說，很容易造成肋骨骨折的傷害。或是一旦心臟一度停止，即使再度恢復跳動，患者卻呈現腦死或植物狀態的案例也曾經出現。

**②氣管切開**

當患者因舌頭阻塞呼吸道，導致窒息或腦死狀態時，會在喉嚨位置切開一個洞。

**③人工呼吸器**

當患者無法靠自己的力量呼吸時，則需借助機器的力量。

**④強制人工營養**

當患者無法從嘴巴進食時，爲了補給營養所採取的一種方式。這是經由鼻胃管、胃造口等全靜脈營養療法來獲取營養。鼻胃管的不適感，以及之後的恢復狀況、QOL（Quality of life，生活品質）能獲得多大程度的改善等，都必須加以考慮。

**⑤水分補給**

當患者無法從嘴巴攝取水分時，爲了防止脫水狀態，會從手部或腳部的靜脈注射點滴，像是末梢靜脈注射或是大量皮下注射。但由於高齡者的血管比較脆弱，所以也可能插入針頭之後便發生輸液外漏的情況，這時得重複幾次插針才能成功。至於大量皮下注射的情況，如果點滴速度過快會感到疼痛，所以要盡可能地放慢速度。

**⑥人工透析**

這是當腎臟失去功能時，代替腎臟進行血液淨化的醫療行爲。一旦接受人工透析之後，體內環境會在短時間內產生很大的變化，這對高齡者來說雖然是個負擔，但是直到死亡之前都必須持續不斷地進行。

**⑦ 輸血**

吐血、從肛門解出血液時，若貧血可能需要輸血。如果胃部或腸道的癌症末期，止血更加困難，只能消極地重複不斷地輸血而已。

**⑧ 使用後線抗生素**

反覆感染吸入性肺炎，在投入一般普通抗生素也不見好轉的情況下，會使用效果更加強勁的後線抗生素。

## 維生治療的優點與缺點

要說維生治療的優點，如同字面上所呈現的，就是能讓生命延長下去這件事吧！

可是伴隨維生治療而來的苦痛也不少。由於維生治療對於根治疾病毫無幫助，當然也就無法恢復到以往的健康狀態。不僅如此，一旦開始維生治療後，就沒有結束的一天。舉例來說，一旦拔除人工呼吸器，病患隨時都有可能面臨死亡，所以根本不可能中途輕易拔除病患的呼吸器。此外，接受維生治療的時間愈久，必須負擔的醫療費用也愈高。

一個人爲了走完自己的人生，會選用什麼方式走到最後？不妨趁著自己健康的時候，好好地想一想吧！

# 歐美沒有長期臥床老人

二〇一五年春天，我曾前往荷蘭考察當地高齡者住宅的情況。當時對於我的問題所給予的答覆，讓我至今印象深刻。

## 在荷蘭沒有「維生」這個詞彙

「我想了解在荷蘭是如何處理維生治療這件事。」當我這麼問時，接待我的負責人笑著說：「維生嗎？在荷蘭連『維生』這個詞彙都沒有呢！」

也就是說，不實施維生治療是件理所當然的事情。在荷蘭，維生措施並非病患可以自行選擇的項目，也非醫師所能決定的醫療行為，而是根本不存在的東西。對於復原有望的患者，短期性地進行胃造口手術等醫療事例是有，但如果是爲了維生而進行胃造口手術這樣的醫療事例，則是根本不存在的。

不對病患施行維生治療的行爲，不僅僅是在荷蘭，也是歐美各國的基本考量。正因爲如此，在歐美沒有所謂長期臥病在床的老人。上了年紀之後就長期臥病在床的現象，或許是只有在日本才能看得到的光景吧！

我曾讀過熟悉末期醫療的醫師的著作，從中發現了日本與歐美對於末期醫療的差異。

在《沒有長期臥床老人的歐美》（欧米に寝たきり老人はいない，中央公論新社）這本書中，宮本顯二醫師及宮本禮子醫師寫到，在瑞典視察時，對於瑞典與日本的做法竟然如此迥異而感到驚訝不已。

在日本，對於無法自行進食的高齡者施以點滴或是透過插管提供營養，似乎是理所當然的事情。但在瑞典，不對病患施以點滴或是插管提供營養，讓他們可以順其自然地走向人生終點，才是理所當然的事情。

在歐美，沒有長期臥病在床的老人，這是眞的嗎？如果是的話，那是爲什麼呢？另一方面，爲什麼在日本長期臥病在床的老人又會這麼多呢？

對於這些疑問，宮本醫師做了如下的回覆：

那是因為對瑞典國民來說，高齡者在即將走完人生的最後階段，會逐漸變得無法進食這件事，本來就是一件相當自然的事情。企圖透過一些手段來延長壽命反而是不合邏輯的。從另外的角度來看，對一些人來說，這些維生手段就如同是虐待老人的方式。

瑞典跟日本不同，不會因為高齡開始變得無法進食時，就對患者施以點滴或是插管注入營養。即便是感染肺炎，也不會對患者注射抗生素。他們所會做的，就僅有開立內服藥而已。也因為如此，當然就沒有必要將病患雙手緊綁來限制行動。也就是說，多數患者都在成為臥病老人之前，就已經自然地走完人生。這麼一來，當然也就沒有長期臥病在床的老人。（同書引用。）

## 不讓自己長期臥床。也不讓家人長期臥床

前述所引用的宮本醫師的話中，提到「雙手緊綁」這件事，這是否有讓你了解到什麼呢？如果實際身處日本醫療現場，過去似乎有被裝設維生裝置的高齡者，會因爲過於痛苦而自行拔掉人工呼吸器或是點滴管線的案例發生。爲了避免這種情況，才會將高齡者的雙手緊綁在床上。這就是日本的醫療現場。

另一方面，由於歐美並不施行維生治療，所以病患可以自然地走向人生終點。日本並非未開化的國家，醫療技術也不斷地持續發展，但爲什麼在不停製造長期臥床老人的同時，卻不會對這樣的問題抱持疑問？在過去的一些學會上，應該可以從歐美國家的事例中發現這樣的問題才對。

我一方面抱持著這樣的疑問，另一方面也感到憤慨。

因爲從這裡可以看出醫療體系中的圖利問題。不，不僅僅是如此。由於日本國民對醫療的虔誠信仰，以致於將所有問題全盤交由醫師決定這點，也是製造長期臥床老人的原因之一。另外，我想關於生命議題的教育也是原因之一吧！

與日本人不同的是，荷蘭人懂得尊重個人。什麼是最重要的？那絕非醫療，也

絕非家屬的意願，而是本人的期望。哪怕是突然發生的意外，荷蘭人也會優先考量本人的期望。儘管在荷蘭安樂死已經確實合法化，但還是可以明顯感受出他們「尊重自我」的國民性。

日本人與荷蘭人正好完全相反。明明是自己的生命，卻這樣輕易地交由醫生決定，或是交由家人決定。因爲擔心「對醫生說那樣的話太失禮了」，所以自己的希望絕口不提。因爲對醫生的唯命是從，所以沒有多方詢問他人意見的人也相當多。但是，自己生命只能由自己守護不是嗎？

這樣的說法或許會讓有些人看了不舒服，但就是因爲沒有去學習了解生死這個議題，所以也就沒有自己的意見，當然也就沒有辦法說什麼了。

我很想在這裡大聲呼籲，不是只有醫生才需要具備維生治療的知識，我們每個人都必須重視學習維生治療知識這件事。如果不好好學習，將來不只是對自己，對家人來說都會是件辛苦的事。

究竟是文化上的差異？還是從古演變至今歷史上的差異？照理說日本人應該是聰明的才對，卻因爲骨子裡對權威過於依賴的關係，才會造成如今的長壽地獄不是嗎？

姑且撇開像我這種非專業醫療人士所說的話不論，眞心希望有更多的人可以去閱讀宮本醫師的著作。只要讀了，應該會有「原來是這麼一回事」的領悟。為了不讓將來的自己成為長期臥床的老人，也為了不讓家人成為長期臥床的老人，趁著現在健康的時候，預先努力學習是必要的。我深深期盼在不久的將來，我們也能說出「在日本，沒有『維生治療』這個詞彙」這樣的話。

## 夫婦的老年地獄。單身姊妹的老年地獄

邁入超高齡社會的日本，到了二〇二五年時，問題勢必會被格外地放大。戰後的日本，以「努力生產．增加人口」做爲口號，積極地向前看齊。就連我也是在當時這股風潮下誕生的其中一人。可是突然間，出現了一群如團塊般的嬰兒潮。比我早一年出生的人（一九四六年出生），受到戰爭的影響，當時一個學年只有開設兩個班級。可是從我的學年開始（一九四七年出生）竟增設到十個班級，甚至還必須到臨時教室上課的情景，我記憶猶新。

像我們這群在嬰兒潮下出生的人口，到了二〇二五年之後就成了後期高齡者，而且是如同團塊般出現在社會中的高齡者。當初這群如團塊般出現的嬰兒人口，在

社會中經過七十年後，就成了七十歲的高齡團塊，經過七十五年後，就成了七十五歲的高齡團塊，持續存在於社會中，這是任誰都能料想得到的結果。可是如今卻以社會中的重大問題來被檢討，眞是令人相當氣憤。

不管再怎麼覺得自己年輕，都無法避免隨著年齡增長逐漸老化的事實。老化的速度，相信許多人在參加同學會後都能明顯地感覺出來。

隨著壽命的延長，老化的時間也跟著延長。結婚時，年長自己三歲、給人可靠印象的丈夫，在經過五十年的歲月之後，也只是一個普通的老先生而已。過去曾是美人的妻子，在經過同樣歲月之後，也只是一個普通的老婆婆而已。如果是彼此年齡有著一段差距的夫婦，那麼照護對方這件事或許還有可能。但如果是年老夫婦相互照護的話，在體力上可是相當吃力的。

## 伴隨長壽而來的另一個問題——失智症

在老老照護的問題裡，也涵蓋著失智症發病者人數增加的問題。雖然也有年輕型失智症，但在失智症逐漸受到正視的背景裡，也包含著長壽的問題。可以說長壽與失智症之間，有著切也切不斷的密切關係。

根據日本內閣府「平成二十八年版高齡社會白皮書」所示，二〇一二年日本的失智症患者人數爲四百六十二萬人。當中六十五歲以上的高齡者，每七人中就有一人是患者。由此推估，到了二〇二五年時的失智症患者人數將達到約七百萬人，屆時每五人中就有一人是患者。

我們曾在第一章中提到一起發生在二〇〇七年十二月，一位當時八十五歲罹患失智症的老人，闖入電車軌道導致死亡的意外，之後家屬也被鐵道公司要求須負連帶責任下進行訴訟。這個事例對許多人來說應該還記憶猶新。嬰兒潮下出生的人口，七十五年後，一口氣都成了七十五歲的高齡團塊。十年後，到了八十五歲的高齡團塊時，「丈夫罹患失智症，妻子也罹患失智症」的時代勢必到來。

即便有小孩，但假如沒有與父母同住，也無法照護罹患失智症的父母。或許抱持「這種時候，只要將罹患失智症的父母交給設施機構就可以了」這種想法的人大有人在。但依照推估，二〇二五年之後，六十五歲以上的高齡者中，每五人就有一人是失智症患者這樣的比例來看，覺得自己到時一定可以順利進入設施機構的想法，未免太過天眞。唯有失智症，是我最不想罹患的疾病，但最後會變得如何，誰也無法料想得到。

老老照護的結果，發生照護方的老人先將罹患失智症的另一半親手掐死後，再選擇自殺的不幸事件屢屢被新聞報導。光靠老人彼此之間相互照護，可以說是如同地獄般的殘酷，但在社會福祉不完善的日本，似乎也沒有其他的選擇，只能硬著頭皮撐下去。但是這種不到死亡之前不得安心的做法，不是很奇怪嗎？

人生的最後階段，應該是要安心走完才對。除了長壽及失智症的問題之外，與罹患失智症的另一半朝夕相處的照護問題也必須正視。

## 無法依靠孩子們的高齡者們

前些日子，在我周遭剛好發生了這樣的事情。我收到一位加入我所主持的單身社團的會員的女兒聯繫，得知她母親過世的消息。原本這只是一般普通的聯繫，照理說只要依照普通的對應程序來做就可以了。可是接下來她女兒所說的話，不禁讓我懷疑自己的耳朵是否聽錯。

「我是看了昨天的網路新聞才知道母親已經過世了。」這位女兒這麼說。網路新聞？這是現代的做法嗎？當下我實在無法理解，便試著從網路上搜尋看看。沒想到，這是眞的！竟然出現如同這位女兒所說的報導，再次讓我驚訝不已。報導中寫著：「年邁夫婦被前來探視的家人發現時，已經雙雙逝世於家中。」這位會員的女兒，似乎長期以來一直與母親處在一個疏離的關係。

這到底是屬於事故？亦或是事件？原因大概只有警方才知道，並非我們這些旁人所能插嘴的。但那一瞬間我所想到的是，莫非這就是老老照護的最終下場？

這位八十五歲的女性會員，在她罹患失智症後，似乎病情年年加劇。某天，我所主持的單身社團接到來自這位女性會員的丈夫的電話聯繫，表示由於妻子已經無法負擔會費的關係，所以之後將改由丈夫接續支付。電話那頭溫和有禮的說明，讓我印象相當深刻，也讓人感覺對方必定是個處處爲妻子著想的人。

與妻子同樣都是八十五歲的高齡，或許是因爲妻子罹患重度失智症的關係，才導致他過於鑽牛角尖，一時想不開。眞的！千萬不能讓這樣的悲劇再度發生。

有小孩卻無法依靠、心有餘但力不足的老人持續增加是現今的狀況。一旦自己的另一半淪爲需要照護的一方時，能夠做的眞的只有「犧牲自己」這條路嗎？關於這點有必要再思考一下。

非得本人親自到社會福祉協議會去求助不可嗎？但無奈有許多人是無法自由行動的啊！日本眞是個對待他人冷漠的國家。

高齡者彼此之間究竟應該如何相互扶持？對他們來說，到底有哪些問題是應該要由他們自己去解決的？我想能在這個國家稱得上是幸福死去的情況，或許只有在交通事故死亡的那一瞬間吧！現在這個階段，我實在無法想像幸福的長壽生活究竟是什麼？

一般說到老老照護的情況，讓人多半連想到的就是夫婦之間的相互照護。但近來隨著單身人口的增加，演變成姊妹之間彼此相互照護的情況也不得不去正視。

## 侵襲單身姊妹的失智症

看護老人的工作，不僅限於配偶或是子女。男性兄弟之間的情況我並不是那麼清楚，但女性姊妹之間，到了一定年齡之後就同住在一起的情況很多。陪伴雙親直到他們離世，等到驚覺時，兩人都已經錯過了適婚年齡。因爲兩人同樣未婚，對將來充滿不安，所以最後選擇住在一起，可以彼此有個照應。

神奈川縣的某戶獨棟住宅裡住著坂井姊妹兩人，姊姊敏子（化名）九十歲、妹妹節子（化名）八十八歲。年輕時，兩人各自過著獨居生活，但過了七十歲之後，彼此沒有特別做過什麼協議，便自然而然地同住在一起。

「父母都已經走了，我的親人就只剩下姊姊一個人而已了。」

雖然兩人都曾考慮過申請自費的老人之家，但礙於年金有限，只好斷了這個念頭。也因爲如此，兩人選擇在父母所留下的家宅中，一起走完最後的人生。

「因爲一直以來都是一個人獨自生活，所以剛開始兩個人同居生活時，當然也會有些瑣碎煩人的事情。可是有了可以一起說話、一起吃飯的伴這件事情是更重要的。隨著年紀的增長，一會兒這裡、一會兒那裡，身體的病痛也接著一個一個來，這時候彼此就可以相互體恤扶持。」

可是，快樂的姊妹生活，在姊姊出現失智症的症狀之後也開始變了調。

「大約兩年前開始，姊姊的健忘開始變得嚴重。如果是只有健忘倒也還好，但就連身體健康也開始跟著每況愈下。現在幾乎只能在床上度過每一天了。不管幾次向姊姊提醒『這個藥才對』，但她仍舊不是忘了，就是吃錯了……」

其實就連妹妹自己本身，也有著因爲腿部變形而不良於行的問題。所以即使想要外出，也不是件容易的事。雖然會有民生委員、出診醫師、打掃人員前來支援，但妹妹的健康狀況似乎也變得有些奇怪。

從旁觀者的角度來看，能感覺到這或許已經是兩個相依爲命的單身老人的臨界點了吧！

同樣都是高齡者，不管是夫婦、姊妹或是朋友，只要同住在一起，還是有能力上的限度。這種情況下，勢必還是得找一個可以便宜入住的設施機構吧！

二〇二五年時可能面臨的失智症患者的增加問題，是不是只要建設便宜的設施機構就可以解決了？以削減福祉預算爲目的的政府，雖然持續推動著在宅照護，但我認爲增設設施機構才是當務之急。如果依照目前情況持續下去，隨著長壽人口的增加，可能會造成國民及政府兩敗俱傷的情況發生。

近來在我所設立的「NPO法人SSS NETWORK」的會員裡，姊妹一起入會的案例明顯增多。選擇從公寓搬到自費老人之家的姊妹也不少。盡早做好高齡者同居的生活對策，這對經濟條件不錯的人來說固然是件好事，但對經濟條件不是那麼優渥的人來說，又該如何是好呢？

這該說是地獄的體驗？還是只能怪自己的積蓄存得不夠多？無論如何，這都不能說是自己的責任。

日本雖然是個冷漠的國家，但是從現在開始還不算晚。希望政府可以先停止投入造路工程的建設，先為這些老人打造他們人生最後的容身處所。

在印度，似乎有等待死亡的家屋。當死亡將至時，人們會到那裡待著，不吃不喝，只是等待死亡的接近以及到來。當死亡之後，遺體會被放入恆河中，任其漂流，幫助死者可以有更好的來世。

我們應該可以從印度的生死觀中學到一些東西。在印度，有等待死亡的家屋，這點真是讓人羨慕啊！

# 無處可去的老人該何去何從

七十歲的典子（化名）在她五十歲時與丈夫離了婚，之後便與母親兩人相依為命，一起住在東京都內的大樓裡。典子的兩個小孩也都結了婚，各自擁有自己的家庭。「因爲我和前夫兩人各自有自己的工作，所以彼此好聚好散，眞是太好了。」她這麼笑著說。

而與典子同住的母親開始出現異樣時，是在她八十五歲的時候。那時典子的母親雖然頭腦還很清楚，但是腳步踉踉蹌蹌，突然間步行變得困難。

「就在大家都認爲母親至少到一百歲都沒有問題的時候，這麼健康的母親突然間身體發生了這樣的變化，讓大家都相當驚訝。爲什麼？怎麼會這麼突然？其實一

旦上了年紀之後，哪天突然發生什麼事情都不會讓人意外。從那時開始，母親的人生開始有了急遽性地轉變。」

後來花了一週的時間入院檢查，診斷的結果是因爲「骨質疏鬆」所導致的不良於行，並非疾病所引起。也因爲如此，醫院以母親不需入院接受治療，就這麼被醫院擱置一旁。

## 非在宅照護，也非老人之家，而是老健機構

面對步行困難的母親，典子已經想不出任何方法。難道要自食其力在家照護母親嗎？但是對於個頭嬌小且只有四十五公斤的典子來說，要協助體型高大的母親如廁等，是多麼地不容易啊！可是典子還是在自己做得到的範圍內，努力地照顧著母親。

但這次卻輪到典子自己了。典子的腰開始出現不適。也因爲如此，她決定去諮詢照護支援專門員。調查之後，專門員建議典子可以考慮「老健」。

老健的正式名稱爲「照護老人保健機構」，是讓有必要接受照護的老人可以逐

漸自立，以回歸家庭生活爲目標所提供各種照護及服務的機構。在醫師的醫療管理下，從看護或是照護開始，到作業療法專家或是物理治療師的復建指導，以及營養管理、飲食、入浴等，提供日常生活中的各種服務。這是以能夠回復家庭生活爲目標所設立的短期居留機構。也是多數出院之後，無法受到在宅照護，也無法進入特別養護老人之家的人的常見選擇。

由於老健只是短期居留的照護機構，雖然也會有醫師前來巡迴出診，但畢竟不是醫療機關，所以不能做任何的治療動作。說到底，也就是讓入住者以能回到自己家中爲目的的復健機構而已。因此，老健的入住期間基本上是三個月。但實際上，提供短期居留服務的老健，卻成了一些無法回到自己家中的人的處所。所以雖然原則上是三個月，但是根據實際情況，超過一年的入住者也大有人在。

## 如旋轉木馬般的體系

入住老健機構的高齡者，必須三個月後搬出，再尋找下一個老健機構，再接著三個月後搬出，繼續尋找下一個老健機構。從電視播放的紀錄片裡，看到高齡者們過著這種顛沛流離的生活，老實說，讓我對老健留下負面的印象。

雖然我沒有對典子說出口，但是在我心裡其實很想問她：「沒有考慮過自費的老人之家嗎？」只是如果考慮到她自己的老後生活，可能也沒有辦法在母親身上花費那麼多錢。畢竟典子母親的年金是那麼地有限……典子的心情我似乎也可以理解。

典子的母親在老健機構度過的五年歲月裡，也是不斷地搬遷。

「這段期間還得這裡那裡到處搬遷對吧？」聽到我這麼說時，典子馬上回應我：「我不太想要用『到處』這個詞彙來形容。這個詞彙並不是那麼恰當。」

典子的反應，讓用假裝了解情況口吻說話的我嚇了一跳。

或許媒體上所報導的老健機構與實際並不一樣，但在沒有確認事實的情況下就隨意使用這點讓我感到相當羞愧。對於採訪的一方來說，很多時候爲了可以報導出讓視聽者感到驚訝的內容，容易有強調現場悲慘程度的傾向。畢竟，令人感到動容的悲慘報導，會比令人感到幸福的報導更容易引起視聽者的共鳴。這點我也不得不留意才行。

根據典子的說法，老健機構彼此之間是存在著合作關係的。當三個月的入住期限快到時，並不用自己費心去尋找下一個老健機構，自然會有人來詢問：「之後要不要考慮這裡呢？」如果不滿意的話，還可以再介紹別的地方的樣子。

這就是讓病患轉來轉去，彷彿像是在坐旋轉木馬般的老健體系。

「原來是這樣啊！每當從電視報導裡，看到三個月期滿後就要被迫從機構設施搬出，又找不到下一個去處，那困擾不已的樣子，讓我以爲這眞是個冷漠的體系。看來不是那樣的對吧！只是每三個月就要重新搬家，不也是一件很辛苦的事嗎？」

「我們的搬家跟一般所謂的搬家不太一樣。這些利用老健機構的老人們，基本上都沒有什麼行李，也不太需要與同寢室的人有什麼溝通交流的機會，所以不會有什麼太大的負擔。雖然也會安排一些休閒娛樂活動，但似乎所有的老人都是在床上度過一整天的。所謂的『老健機構』就是這樣的一個地方。」

典子可以不用在家獨自照護母親這點我覺得很好。但另一方面，一個人待在老健機構的典子的母親，又是怎樣的情形呢？

我的這番話，不知道是不是觸及到典子內心的痛處，當下她口氣突然變得有些嚴厲。

「當然，對每個人來說，家永遠是最舒服的地方。所以有一段時間，我也很想讓母親回到家裡來。但是母親自己也很清楚現實生活的情況。我想對母親來說，老健雖然稱不上是一個讓人開心的地方，但至少是一個可以讓人比較安心的地方。也多虧老健，我才能平和地與母親相處下去。」

典子每週會到老健探視母親三次。此外，孫子們也會不時地去探視祖母。就這點來看，典子母親的病床周圍似乎是要比其他病患熱鬧許多。

雖然待在老健可以接受照護，但典子母親卻開始出現精神恍惚的情況。

「看著母親，讓我想到人類果眞是進化的動物。原本頭腦精明的母親，竟會出現癡呆的症狀。」

進入老健機構的第四年，典子的母親因爲吸入性肺炎的關係，被緊急送到附近的醫院，接受三個月的治療、再次返回原本的老健機構後，竟又因爲感染間質性肺炎再度入院。據說有可能是在院內受到感染的關係，因此自然也就不能再回到原本的機構了。

由於老健機構並非醫院、無法對病患進行治療，所以對於那些有必要接受治療的病患來說，是無法繼續待在老健機構的。這也是老健與特別養護老人之家不同的地方。老健並非提供病患居住的地方，因爲它只能提供病患一個短期的臨時安置處所。

## 被迫搬出老健，無處可去的老人

因爲不清楚類似典子母親這種情況的後續會如何處理，所以當我詢問典子有關後續她母親的安置處所時，她這麼回答我：

「妳知道療養病房嗎？」

因爲從來沒有聽過，所以當典子這麼詢問時，我當下做出「那是什麼？」的反應。看到我的反應，典子接著苦笑地說：「這是日本爲那些被迫搬出老健、無處可去的老人所制訂的一種體制。」

「也就是這些老人們的何去何從，其實早就已經被安排好了的意思是嗎？」我問。

典子點點頭並接著向我說明。一些大型的醫療社團法人，似乎會以醫院爲中心來展開老人福祉事業。也就是說，一些無法在醫院接受看護的老人，可以被介紹到日間看護福祉機構、老健機構、自費的老人之家、療養病房或是醫療社團法人旗下的機構等地方去。

出院之後無法回家的老人可以到這裡、已經無法在現在的地方繼續住下去的老人可以到這裡、經濟條件比較充裕的老人可以到這裡、經濟條件比較不充裕的老人可以到這裡……就是這樣的方式。

醫院會以連鎖方式經營老人福祉設施機構這點我是知道，但是就連療養病房都有在經營這點，倒是沒有看護經驗的我第一次聽到。

於是當我問典子：「那麼，療養病房又是怎樣的一個地方？」時，她這麼回答我：

「那是讓那些因爲某些原因，無法回到自己家中的老人的最後處所。」

「這樣的話，我想那也不壞。畢竟對這些老人來說，至少還有最後一個可以收容他們的地方，也算是被拯救了。」

聽到我這麼說，典子的表情變得有些複雜。

「要是妳看到那裡的情況，肯定會被眼前的景象嚇一跳的。大的病房裡，一排排列整齊的病床上，整齊地躺著全是只剩下一口氣、哪兒也去不了的老人，那種寧靜眞的會讓人感到毛骨悚然。這就是療養病房。不過還是會替他們準備餐飯就是了。」

「就是等待死亡的地方對嗎？」

典子贊同地點著頭。因爲典子有實際進到療養病房探視自己親人的經驗，所以能夠清楚裡頭的情況。當母親無法再回到老健機構時，典子腦中浮現母親的下一個安置處所就是療養病房。

但幸運的是，典子早在數年前就提出申請特別養護老人之家的入住資格，剛好也在這個時候輪到典子的母親，因此可以避免入住療養病房。

雖然這只是我個人的想法，但我覺得人生最後的處所，應該要是特別養護老人之家才對。

我認爲，國家應該要替國民準備好一個人生的最後處所。如果國家眞的能夠替國民做到這點，那麼我想即使提高消費稅，應該也不會有人感到不滿才對。如果沒有替國民做好建設，只是一味地要求提高消費稅，當然會招致民怨。只要能夠釐清目的，確實爲國家民生做出貢獻的話，應該是不會有人有怨言的。

爲什麼我會這麼說呢？因爲在每個日本國民的心裡，其實都是對老後生活感到不安的。也就是因爲這份不安，才會讓高齡者們拚命的攢存積蓄，避免消費，導致社會經濟的停滯不是嗎？所以對國民來說，都希望人生的最後能有一個受到保障的安心。

經濟充裕的老人，可以在自費的老人之家安心生活。經濟不充裕的老人，則在老健機構過著每三個月一次的搬遷生活。人生的最後是要過哪種生活？爲了讓國民的最後人生可以過得安心，政府應該做的不是造路或建設大樓，而是特別養護老人之家不是嗎？

## 進入特別養護老人之家的另一個門檻

「哇，眞是幸運！可以進入特別養護老人之家！」

典子直點著頭。

進入特別養護老人之家時，入住者本人的居住地址似乎也要跟著轉移到特別養護老人之家才行。也就是說，特別養護老人之家將成爲自己的家。可是這裡也存在著另一個門檻。雖然我聽到的可能不是全部的事實，但據說如果那些已經無法用嘴巴進食的病患，還拒絕進行胃造口手術的話，是不能進入特別養護老人之家的。這個規定完全是爲了配合機構的緣故。由於特別養護老人之家的人手不足，所以比起協助病患從口進食，用胃造口灌食的方式比較可以節省時間及人力。

「爲了可以進入特別養護老人之家，所以選擇讓母親接受胃造口手術。」

母親在接受胃造口手術後，高燒持續不退，意識也逐漸模糊。接著，在進入機構的半年後，由於當初胃造口手術的腹部傷口始終無法治癒，導致細菌感染而去世。因爲接受胃造口手術的關係導致母親死亡這件事，讓典子難過不已。母親特地從這個設施機構搬到另一個設施機構的這趟輾轉旅程，終於在她九十一歲時劃下了句點。

## 自費老人之家並非就是天堂

眞是不敢相信！自費老人之家的仲介業者居然在研討會時這麼說。這些業者往往不是介紹自家公司體系，就是只講好的地方。但是在我眼前的這一位，居然這麼直截了當地說了出來。

「因爲工作的關係，到目前爲止，我所看過的高齡者設施機構大約有一千八百家左右。但是會想讓我安排自己親人入住的，連一家都沒有。」

「不管是多高級的設施機構，一旦入住了，都是要過著群體生活。我也會被問到：『就沒有一家是比較好的嗎？』實際上，完全符合你的設施機構是不存在的。」他滔滔不絕地說著。

我也是因爲工作的關係，曾經到過許多設施機構參觀。也因爲如此，經常會被人問到：「哪裡是比較好的？難道就沒有比較好的地方嗎？」每當我被這麼問到時，我總是這麼回答：「每個人是不同的。對我來說是好的地方，對你來說卻不見得如此。所以這非得由你自己親自來找不可。」

哪怕是再好的設施機構，我也不會向人介紹。我會和他人分享「現在有這樣的設施機構存在」，但是絕對不會向他人介紹。爲什麼呢？因爲一旦入住之後，一定會讓對方覺得這和當初我所介紹的不一樣。

## 在自費老人之家就能比較安心嗎？

在我的友人中，有位營運社會福祉法人的女性友人。這位友人所營運的設施機構的外觀，讓人讚賞不已。每次前往參觀時，總會讓我忍不住說：「這裡眞是很棒的地方。要是經濟充裕的話，以後我也想入住這裡。」聽到我這麼說，這位女性友人一臉嚴肅地搖著頭。

「還是不要進來設施機構比較好。」

一般來說，受到別人稱讚時應該會感到高興才對。但正因爲我們是朋友關係，她才會將自己內心的想法告訴我。其實我也從過去多次採訪的經驗中慢慢了解到，不管外觀看起來再怎麼氣派，但「設施機構終究還是設施機構」。設施機構是爲一些無法自立生活、虛弱抱病的人，提供他們一個救助的場所，並不是平常就能在這生活、接著入住的地方。

此外，如果不是自立型的老人之家，而是有提供照護服務的自費老人之家，通常都不是本人自己選擇入住的，而是由家人替他決定的。

換句話說，因爲是在家人判斷他本人無法自行打理生活起居的情況下，替他尋找設施機構，安排讓他入住，所以不帶有入住者本人意志是一般普遍的情況。因此，以下純粹是我自己個人的看法，我認爲自費老人之家的設立，與其說是爲了入住者本人，不如說是爲了解救家人而存在的。

一旦這麼寫下之後，或許會讓很多人產生「日本到底是一個怎樣的國家？」的疑問。「究竟是爲了誰的幸福著想才做這樣的決定？」、「家人彼此之間眞的存在著親情嗎？」我也愈來愈搞不清楚了。

這種說法或許並不恰當，但不管是父母或是伴侶的長壽，對家人或是對他本人來說，都是一件辛苦的事。從父母的立場來看，勢必會讓照護自己的小孩受苦，但是如果想讓自己的小孩從辛苦的照護生活裡得到解脫的話，那麼父母自己本身也得做出相當的忍耐才行。或許經濟上沒有餘裕的人，看到那些擁有將父母送進自費老人之家財力的人，多少心生羨慕。可是在自費的老人之家裡，不管是誰，同樣終日沒有開口說話，只是安靜地望著窗外呆坐而已。做爲這些老人的子女，看到眼前的父母，應該還是不免會感到心酸。

每當我看到那些可以入住環境經過整頓的自費老人之家的老人時，心中還是忍不住這麼想：「雖然住在這裡可以比較安心，但還是很辛苦吧？」這麼說或許很失禮，可是每次當我到老人之家參訪時，我總是想著，希望自己可以在變成那樣之前死去。當然入住者中，對於這樣的安排感到滿意的也大有人在，但我想終究只是少數的一部分吧！

## 該如何活著老下去呢？

前幾天，我從一位到過日本名人入住的高級自費老人之家採訪的攝影師那裡聽到這樣的事情。

當初這個上億的高級自費老人之家開設時，因爲工作的關係，我曾到過那裡採訪。由於當時在那裡看到足以讓我嚇破膽的事情，所以直到現在我依然印象深刻。那裡就像日間連續劇「安寧之鄉」（安らぎの郷）裡可能出現的場景，陳設所給人的感覺，如果說淺丘RURIKO就這麼從大廳走出來的話，一點也不會讓人覺得奇怪。

「果然那些單身名人還是會選擇那樣高級的地方入住。」我對著那位攝影師用羨慕的眼光這麼說著。但是接下來從她口中說出來的話，卻讓我相當意外。

「八十五歲的她，還是和以前一樣，如同法國名媛般地高尚貴氣。裝容也整理地相當好。感覺生活在那裡的八十五歲高齡者，有別於世界上其他地方的同齡長者，會穿戴華麗的飾品，出現在那樣的豪華設施機構裡。但是很抱歉，我不認爲那稱得上是『很棒』。」

正當我想問清楚是什麼意思時，這位女性攝影師接著說，「如果那位名人才六十歲，那麼穿戴華麗並且過著那樣的生活，或許會讓我覺得是一件很棒的事情。但如果是已經八十五歲高齡的話，儘管穿戴得再怎麼華麗，終究還是一位老人罷了。明明已經是位高齡者，卻還做那樣華麗的裝扮，總讓人對她感到一股哀憐。」

這是這位五十歲女性攝影師內心的眞正想法。

同樣都是名人，卻無法像吉澤久子[1]一樣，與年老一起共存共生。而且這位女性攝影師的拍攝場所，並不是名人的住家，只是在稱得上是最高級的自費老人之家而已。這點讓人看了更是覺得哀憐。

十五年後的我，也到了和那位名人同一個歲數。那個時候，「松原女士，雖然您這麼努力把自己打扮年輕，但八十五歲就是八十五歲啊！」爲了不讓別人這麼嘲笑，到底該怎麼做比較好？我也很認眞地做了思考。

雖然誇下海口說自己完全不想回到年輕時候的高齡者很多，但如果沒有抱持這樣想法的話，對於不斷持續衰老的自己來說，想到「該如何生存下去」將會是件辛苦的事。年輕的時候，不管是誰都很美麗。無論什麼樣的人，都會散發出耀眼的光芒。年輕時候的美好，總是要到了生命即將逝去的時候，才能眞正感受到。

儘管老年之後，經濟上再怎麼寬裕，都無法逃避變老這個事實。就算再怎麼不想給人添麻煩地走完人生，但「年老」終究還是會不留情面地侵蝕著身體。究竟該如何與年老共生共存？究竟該怎麼做，才能避免悲慘地走完人生？

我的腦中不斷地想著這些事情。年輕時沒有意識到年老之後的嚴峻，現在才終於真正體會到。

❶日本評論家。

# 附設服務的高齡者住宅

雖是這麼說，但對健康狀況沒有自信的人來說，還是住在自費的老人之家會比較安心吧！即使詢問那些希望入住高齡者住宅的人入住的理由，大家的回答同樣都是「因為不安」。如果要說是對什麼感到不安，那應該是對之後會發生什麼狀況無法掌控的不安。可能是患病，也可能是臥床不起。愈是高齡的人，對這種不安的感覺愈是鮮明。所以趁著自己還能行動的時候，趁著自己還沒有變得癡呆的時候，趕緊把自己安頓好是很重要的。

可是，在這裡我們可以想想，眼前的日本，能為這些高齡者提供哪些選擇呢？針對高齡者的代表性設施機構，有下列這些種類。這裡我所列舉的，都是在身體健

康時就能選擇入住的設施機構。大致上可以分成兩個種類。

自費老人之家及附設服務的高齡者住宅。

這兩者的最大差別是，前者雖然入住權利費用及使用費用都相當高，但在住房費用之外，還附帶餐食及照護服務。

後者雖然有些不需要入住權利費用，住房費用及使用費用也相對便宜，但是沒有附帶餐食及照護服務。所以一旦需要照護時，必須自己從外部尋找照護人員。也就是說，只有提供房間這件事情是可以確保的，就是一般租房住房的感覺。與一般租房住房相比，高齡者住宅附有看護，如果想讓看護確認高齡者狀況的話，那麼只要訂購報紙，讓看護在每天送報時確認就可以了。

## 高齡者住宅各式各樣，千差萬別

因爲在名稱中冠上了「附設服務」，所以誤以爲是附有照護服務的人大有人在。雖然這是業者一種不恰當的宣稱手法，但自己還是應該確實理解所謂的「附設服務的高齡者住宅」究竟是什麼比較好。

另外，也有人認爲高齡者住宅與受到國土交通省及厚生勞働省的管轄也有關係，是爲了讓總承包商謀取利益才被建造的。政府爲了持續高齡者住宅的建造，也端出補助金方案。如果你以爲住家附近正在建造一般公寓的話，其實也有可能是在建造高齡者住宅。只要有入住者，高齡者住宅的營運者就可以從政府那裡得到補助金。如果是可以收納十個人的空間，便可以得到十個人的補助金。

雖然建造高齡者住宅很簡單，可是入住者並不是簡簡單單就可以募集而來。也曾發生因爲募集不到入住者，導致營運者上吊自殺的悲劇。

另外，也有沒有附設澡堂及廚房的高齡者住宅，所以如果沒有事前確實調查清楚，後果可能不堪設想。甚至也曾聽過當初是因爲附設食堂所以決定入住，可是實際入住之後，食堂卻遭到撤除的案例。還有，也有類似自費的老人之家一樣，讓工作人員長期進駐的高齡者住宅，只是這樣的形式並不多見。

到目前爲止我也看了不少，總而言之，就是高齡者住宅各式各樣，千差萬別，很難對高齡者住宅去下一個定論。只是現在的社會趨勢，逐漸走向不是選擇自費的老人之家，而是高齡者住宅。或許將來會再從中衍伸出其他的名稱也說不定。

## 兼差的照護人員！設施機構的實態

雖然現在特別養護老人之家有不再建造的傾向，但附設照護的自費老人之家仍持續不斷在建造中。接下來將進入因應受照護人口急遽增長的設施機構建設高峰期吧！但也如同各位所知，伴隨而來的，將會是照護人材的短缺問題。

雖然自費的老人之家也是各式各樣，很難用簡單一句話來說明，但因爲聽到了這樣的事情，所以我想寫在這裡和大家分享。

到自費的老人之家見習不難，可是如果想要詢問在那工作的員工一些事情，就不是那麼容易了。雖然前往採訪時，設施機構會爲我安排一些可以接受採訪的入住者，但畢竟這些入住者平常也是受到設施機構的照顧，所以會在採訪中吐露眞正內

幕的人，我想應該不存在吧！既然這樣的話，這種經過安排的採訪也沒有多大的意義。

前些日子，我和一位許久不見的六十五歲男性友人通電話時，得知他現在在一家自費的老人之家兼差，這讓我驚訝到懷疑自己是否聽錯。原本這位友人是個相當活躍的電腦繪圖師，但現在在自費的老人之家裡做些什麼工作呢？我試著向他了解原因，原來是因爲年金不足以支撐生活，才不得不找份工作。

這位男性友人原本就想著自己一輩子都要工作，所以年輕時沒有做好存款的準備。沒想到過了六十歲之後，工作量銳減，現在已經是幾乎沒有工作的狀態。

難道這就是男性與女性的差別嗎？即使同樣都是從事自由業，但能確實存款的女性相當地多。

儘管他本人的工作意願很高，但現實終究是殘酷的，能夠接受六十五歲者的求職項目幾乎沒有。而他爲了賺取自己每天的生活費用，選擇放下身段，從事照護的工作。

「照護的工作？可是你以前有相關經驗嗎？」

我驚訝地問他，只見他邊笑邊搖著頭。由於現在人手短缺，所以即使沒有從事照護相關工作經驗的人，似乎也很容易就被雇用。而且有專爲沒有相關工作經驗的人介紹工作的派遣公司，只要在派遣公司登錄自己的資料之後，就可以收到派遣公司介紹工作的訊息。

因爲透過派遣公司的介紹，這位男性友人才被現在這家自費的老人之家雇用，以兼差的方式開始他的照護工作。更讓我驚訝的是，友人工作的設施機構，居然還是經常在新聞或是廣告中出現、在日本全國各地展開事業的知名連鎖設施機構。我相信不管是誰，肯定都有聽過這家設施機構的名字。我的友人中，也有人讓自己的母親入住那家設施機構呢！

這位男性友人的工作地點位在神奈川縣。那裡的入住者約有七十人，是棟外觀看似美輪美奐的三層白色建物。因爲入住時不須繳交入住權利費用，且每個月的使用費用大約介在十五至十八萬日圓左右，相當划算，所以很快就入住額滿了。

## 人手嚴重短缺。以牟利為目的的黑心企業

因爲是朋友關係，所以可以從這位男性友人的口中，聽到不爲外人所知的實際情況。

首先，人手短缺似乎是相當嚴重的問題。總之，就是一年到頭持續不斷地招募。而且是不限工作經驗，也不限年齡的。但也因爲這樣，我的這位友人才能在這裡工作。對於這點，他也似乎充滿感激呢！

「因爲工作的關係，你有機會可以近距離觀察設施機構的實態。關於這個部分，你覺得如何呢？」

他聽我這麼問，便笑了起來。

「其他公司的情況我不清楚，但這裡是很糟糕的。設立這個機構的，是以謀取金錢爲目的的黑心企業。雖然對外宣傳都是標榜凡事以入住者爲優先考量，但實際上謀取金錢才是第一。而且不僅工作環境惡劣，工作分量也相當不合理。所以，即便招募到新的員工，沒過多久也會辭職。就是這樣不斷地循環。」

根據他的說法，入住者雖然有七十名，可是白天的照護人員卻只有六人。一般

的特別養護老人之家的比例規定是，每十個入住者必須由兩人負責照護。但是這裡的入住者多達七十人，卻只交由三名員工及三位派遣、兼職人員負責。

眞沒見過如此過分的設施機構。這裡不是自立型的設施機構，而是附設照護的設施機構。況且，這裡幾乎一半的人都是需要照護的。

「妳能相信嗎？一個樓層只交由一個人或兩個人來看守，這幾乎和戰爭沒有什麼兩樣了。那裡有人想去廁所時，會按鈴呼叫。可是一次只能帶一個人去，所以如果有其他想去廁所的人，也只能先將他們擱在一旁不管了。雖然很可憐，但我只有一個人而已，也沒有其他選擇。需要換尿布的人，也只能讓他們先等著。因爲要去廁所的人很多，所以要換尿布的人也只能排在他們後面了。也因爲如此，等到可以幫那些人換尿布時，尿布裡面已經是慘不忍睹的狀態。這種時候，很多年輕的員工就會故意逃開。

「平常我們和入住者幾乎沒有什麼交談的時間，頂多就只是換尿布的數分鐘而已。就算想要和他們多說一點話，畫一些圖給他們也沒有時間。」

友人接著笑著說：「雖然我到六十五歲才第一次替不相識的人照料他的大小

便，但眞要做的話，也是做得到的。」

只是友人自己本身也可以算是高齡者了，到了這個年紀還要做替他人打理大小便的重度勞動工作，可以說是泥菩薩過江，自身難保的眞實寫照吧！

另外，我也對洗澡的情況有些在意，因此也詢問了友人。

基本上一週至少要洗澡三次，但據說就連洗澡也是由他一個人包辦這點，又是讓我一陣驚訝。

每次洗澡時，必須三名入住者同時進行。首先，將三人的衣服脫去、椅子並排，之後再一個接著一個替他們洗身、沖水、放入澡盆。只要沒有事故發生，這樣的做法就沒有什麼問題。

關於人手短缺的問題，根據友人的說法，當然和這裡的收費便宜也有關係，但還有一點就是，年輕人不想從事替人處理大小便的工作。

「果眞是黑心企業。竟然還那麼冠冕堂皇地宣傳著。眞的是被騙了。那些將自己父母托付給這裡的子女，還以爲替父母安排了一個好的處所。還是他們也是無可奈何，只好將父母送來這裡呢？」

聽到我這麼問，他笑著說：「每當有入住者的家人或是見習的人要來這裡參訪的日子，公司上層會事先特別告知，告訴我們要用可以給人好印象的一面來工作。」

我的友人當然也遵照公司上層的吩咐，凡是有和入住者家人見面的日子，不僅臉上要不時展現親切的笑容，還要敏捷地處理手上的工作。看在這些入住者家人的眼底，還以爲這裡是個好處所，所以就這麼回去了。另一方面，幾乎所有的入住者都是需要照護的人，而他們自己也深知這點，爲了不想再給家人增添其他麻煩，自然也不會向家人抱怨什麼。

據友人說，替入住者換尿布的時候，可以聽到很多入住者傾訴自己「想要回家」的心聲。或許這些入住者的家人以爲自己替父母安排了一個好去處，但其實他們的寂寞是不難看見的。

有些人是把自己的家當都帶了進來，有些人則是用賣房的錢支付這裡的費用才住得進來。也有被家人置之不理的人，所以他們也只能在這裡等待生命的結束。這些全部都是高齡者住宅的實態。

## 如何辨識自費的老人之家呢？

雖然不需要繳交入住權利費用這點很吸引人，但是不要執迷於這點很重要。選擇設施機構時，可以從該設施機構是否經常招募人員？人員是否經常更換等訊息來判斷。如果只是單憑建築物的外觀，或是每個月的使用費等就決定是否入住，是很危險的。

像這類的自費老人之家，或許你覺得它就只是一般的設施機構，但其實它也是一種商業行為，所以在它背後存在著一個以牟利為目的的企業，是一點也不奇怪的。另外，簡介中所寫的使用費中，由於使用照護保險的關係，所以需要支付使用費，也需要支付醫療費用。紙尿褲的費用也是不容小覷的。友人還說，居心不良的企業會從照護保險中抽取利益呢！

只要一旦入住，就不可能不使用照護保險。

漸漸地，這些以老人為對象的企業就會露出吸血鬼般地貪婪面貌。因為老人是弱者，他們就從這些弱者身上不斷地、不斷地搾取。所以不管從哪方面來看，長壽似乎都沒有什麼好處，所以這也讓愈來愈多的人不再期待長壽這件事了。

# 第三章——你我的人生最後究竟會變得如何？

# 急遽增加的獨居老人

日本似乎要邁入單身高齡者的時代了。

在我的拙著《獨老時代》（世茂出版）中曾經寫到，不管是誰，未來都將一個人過著漫長的老後生活，以及我們現在應該如何因應，做好防患未然。

每當我在著作或是研討會的場合中提到，「所謂的一個人，不是指未婚這件事，而是指你我的事」時，雖然我很想和大家繼續暢談下去，但是看到一些已婚者，尤其是男性的反應不佳，好像那是他人的事，與自己毫不相關似的。

這個時候，我會暗自在心裡嘲諷地說：「你等著吧，你就千萬不要讓你的老婆比你先走一步。」

當然，我自己也和那些男性有著同樣的問題，這點我不否認。因爲人們只要自覺身處在安全地帶時，自然就不會想去涉略那些社會中正在發生的問題。那些順利結婚、生子，在子孫圍繞下過著幸福生活的人們，儘管再怎麼對他們使出威脅，「你會變成孤單一個人喔」，他們也無動於衷。

我沒有想在這裡說男性的壞話，但是許多日本男性除了自己的工作之外，對於其他事情漠不關心，更別說對社會中所發生的課題進行議論的能力更是薄弱。我認爲，這是生爲日本人的最大不幸。

我眞心希望，下輩子出生時，自己能成爲喜歡對事物進行議論的法國人。每當說到日本男性時，就會讓我彷彿腦充血般地極度不適到想要暫停，卻又忍不住地想要大喊：「你們這些男性也想想辦法吧！」

近來，媒體一致對「二〇二五年問題」積極討論。因爲到了二〇二五年，那些在嬰兒潮時代出生的人口（一九四七至一九四九年出生），就將成爲七十五歲的後期高齡者了。

二〇一七年的《東京新聞》記載，東京都嬰兒潮人口高齡化的浪潮即將席捲而來，二十年後的社會保障費用將比起二〇一五年度增加約七千億。因爲伴隨高齡人口的增加，估計醫療及照護等社會保險費用也將隨著調漲。

透過這個預測我們不難想像的是，街道上充斥著單身獨居老人的時刻，已經步步朝向我們逼近。

前述提到的拙著《獨老時代》中，我在不同章節裡提到，雖然不能說「因爲有孩子依靠，所以安心」、「因爲不會比妻子先走，所以安心」，但事實上卻是殘酷的漫長老後生活正在等著你。

退休之後的數年光陰，可以在家人的守護下走完人生的幸福年代已經過去。說不定退休之後的人生最後時光，比工作年數還要長也說不定。如果隨著年齡的增長可以愈活愈年輕、有活力的話倒是還好，但現實中卻是拖著如風中殘燭般地孱弱身體，不得不一個人獨自地生活下去。

獨居高齡者增加的背景，在先前的著作中已經詳細陳述，所以在此不再贅述。但當中的一項原因，不單單是未婚者的增加，現代的居住型態也是影響的原因之一。另一方面，高齡者們不願打擾子女們的生活也是一個原因，所以沒有考慮與自己的孩子同居。

我並不想說「父母的老後生活是子女責任」這樣的話，但是因爲經濟上的理由或是身體上的理由，以致無法一個人獨自生活時又該怎麼辦呢？我想關於這個問題，不管是身爲父母，或是身爲子女，都應該有必要從現在開始認眞思考才對。

另一方面，對於那些尚未正式進入高齡、仍屬年輕嬰兒潮世代的人們來說，如果能在眞正的老後來臨之前死去的話倒還好，如果不行的話，勢必得再迎接未來的十年、二十年。現在雖然年金遭到削減，但忍耐一下，多少還能撐得過去，可是如果又再次遭到削減的話，情況又會變得怎樣？萬一不幸，到了那個時候又罹患重病的話，又該怎麼辦？

獨居老人愈來愈多，生活陷入困境的人也會跟著增多。最糟糕的情況，也有可能就這麼倒死在路旁。

在動盪的世界情勢中，日本仍持續陷入貧窮的困境。老實說，現在並不是個適合舉辦奧運的時間點。

雖然我在這裡發怒也無濟於事，但究竟是誰提議希望舉辦奧運的呢？眞想問問前任東京都知事以及我們化身超級瑪莉歐的首相❶。由於東京奧運的緣故，日本終將進入大貧困的時代。

❶日本首相安倍晉三於二〇一六年里約奧運的閉幕式裡，化身為「超級瑪莉歐」現身，掀起高潮。

# 「孤獨死」是理想的善終

聽到「孤獨死」這個詞，沒有人不皺起眉頭的。基本上，我們對「孤獨死」一直存在一個極爲負面的印象。聽「NPO法人SSS NETWORK」的會員說，將來「孤獨死」勢必成爲話題的焦點。因爲現在的單身人口很多，所以只要聽到「孤獨死」，自然會連想到自己的最後人生大概也是如此下場吧！

根據二〇一六年七月八日朝日電視台的報導，東京都監察醫務院的調查發現，二〇一五年東京二十三區中，在沒有人照護下，孤獨在家中死去的六十五歲以上單身人口，合計約有三千一百一十六人。與二〇一三年的統計結果相較之下，增加了二・一倍。而且二〇一五年時，人口首次超過了三千人。

因爲在「NPO法人SSS NETWORK」的會員中，對孤獨死感到恐懼的人不少，所以我也曾經找來有過替孤獨死的人整理遺物的人士，請他們和我們談談有關孤獨死這個議題。

舉辦這個座談的目的，原本是爲了讓這些會員可以正確了解孤獨死，但因爲了解了過去從來沒有聽過的孤獨死的慘狀，反而加深了大家對孤獨死的恐懼。

獨居的人在家中死去後是什麼樣的情況？如果沒有立即被發現的話，等到被發現的時候又是什麼樣的一個情況？

「如果是一個人獨居的情況，可以盡早被發現是最好不過了。」整理遺物的人這麼說。

會員們一邊聽著，一邊認眞地抄寫著筆記。那麼所謂的「盡早發現」，究竟要在哪個時間點發現才算得上是早呢？其實這才是大家最想知道的部分。於是大家不由自主地將身子往前傾，認眞地等待著對方的回答。

「如果季節是在夏天，因爲夏天遺體腐爛得快，所以是死後的一週之內。但如果季節是在冬天，那麼是一個月內吧。」

這位替孤獨死的人整理遺物的人的說話口吻，就像是在處理普通生物的業者一般，讓我深切地感受到，原來人類也不過是普通生物而已！夏天的時候，就像放置室內的蘋果，一週後會變得濕軟腐爛般，原來人類的遺體也是一樣的。

對方繼續說著：「夏天時，隨著死亡天數的增加，遺體也會跟著持續腐壞，接著就是傳出惡臭。如果還是沒有被人發現，接著就會出現蒼蠅、遺體生蛆。」

「天啊～」說到這裡，會場各處傳來恐懼的聲音。

「萬一眞要孤獨死的話，我想避開夏天，還在冬天比較好。」

「我也想在冬天。因爲不想因爲腐敗的臭味，給別人帶來困擾。」

雖然死亡的時期不是我們可以決定，但會員們彼此之間還是認眞地討論著。

接著，我不懷好意地對著那些露出恐懼表情的會員這麼說：

「雖然你們說不想因爲死後的遺體腐敗臭味給別人帶來困擾，但是現在還活著當下的身體，就已經給別人帶來困擾了，所以不需要去在意那些死後的事。」

會員們每個人都用一副「眞的嗎？」的表情看著我。或許是因爲太過恐懼的關係，接著開始一連串連珠炮似的詢問。

「好不容易一個人努力生活到現在，人生的最後用這樣的方式結束也沒有什麼不好的，不是嗎？難道，人生的最後一定要是躺在床上，身旁有誰來看守著才對嗎？那些獨居的人，就算死了，身旁也沒有為他們難過哭泣的家人，也不用去張羅那些虛假的場面。如果身體長了蛆蟲，反正生前已經付了那麼多稅金給國家，這時就交給國家的行政體制來替他清除不就好了嗎？」

聽到這裡，在場沒有一個人笑得出來，而這就是打從心裡對孤獨死感到恐懼的證據。

可是，孤獨死真的是如同大家所恐懼的死法嗎？會不會是每當「孤獨死」這個詞彙經由媒體被報導時，總是一些悲慘的內容，所以很多人就這樣被洗腦了呢？稍微讓頭腦冷靜一下，仔細地思考看看。

「孤獨死」、「孤立死」、「單身死」都是稱呼那些獨居的人他們死去的叫法，不管哪一種都無法擺脫給人負面的印象。

## 單身者的最後人生

透過「NPO法人SSS NETWORK」，我們可以了解一些已經去世的會員，在他們的人生最後是什麼樣子。當然，我們不是在他們臨終的當下親臨現場，而是從他們家屬的口中，得知他們到死亡之前的過程，或是在追悼會的場合上，和我們分享逝者生前的點點滴滴。會員們則可以從了解那些逝者如何走完自己人生過程的事例中，找到做為將來自己死法的參考。

另外，爲因應會員們的希望與要求，NPO法人SSS NETWORK在二〇〇〇年時創立了被稱作「獨居女性的碑」的共同墓碑。約九百名的會員中，有將近半數約四百五十名的會員，締結了這個共同墓碑的契約。

共同墓碑創立時的我年約五十多歲，會員們也是以五十多歲為主的年輕族群，所以幾乎還沒有人是走到人生的最後階段。在當時的追悼會上，大家也在報告「今年身旁沒有親友過世」後，就彼此喝著紅酒，開心地談天說地。但是隨著一年一年地過去，每年的死亡人數也開始增加，大約是一年有兩人死亡的比例。我想這也是因為會員們逐漸邁入高齡的緣故吧！

NPO法人SSS NETWORK的會員中，獨居女性占了壓倒性地多數。所有會員中，未婚女性占了六成，離婚女性占了四成，而當中的三成則是有小孩的。

在這十七年間，過世的會員總共有二十八位。而這二十八位幾乎都是獨自一個人生活。其中的四位，則是在自己家中毫無人知的情況下孤獨死去。

## 事例1「在不打擾任何人的情況下死去最幸福」

——和美　享年六十五歲　未婚　一個人生活——

在締結共同墓碑的契約者中，最先去世的，是住在東京都享年六十五歲、一個人孤獨死去的和美（化名）。

和美一個人在公寓裡獨自生活。沒有婚姻紀錄。六十歲從公司退休之後，因爲個性開朗活潑，經常四處旅行，所以時常不在家裡。特別是和美並沒有什麼特殊疾病，所以可以充分享受一個人的生活。

與和美感情要好的妹妹有時會用電話與和美聯繫近況。而依照慣例，每年新年時，和美也會到妹妹的家中拜年。

二〇〇一年的新年到來。往年總是會和妹妹聯絡的和美，怎麼這年始終沒有與妹妹聯繫。

「奇怪，每年過年都會和我聯繫的和美，怎麼到現在還沒有和我聯繫呢？難道她又一個人悄悄地去旅行了嗎？但就算這樣，她應該也會和我聯繫呀？」感到疑惑的和美的妹妹，持續用電話嘗試與和美聯繫，但電話那頭始終沒有人接聽。不安的和美的妹妹，等到新年過後的一月十日，便來到和美的家中探視。不管和美的妹妹在外頭怎麼按門鈴、怎麼敲門，屋子裡頭始終沒有人應答。於是和美的妹妹請來警察，直接進入和美的家中查看。

到場的警察與業者一起用鐵橇破壞門鎖，進到家中。映入眼簾的是俯臥在地上的和美。根據判斷，當時和美已經死亡約一週，原因是腦出血。昏倒後意識昏迷，就這麼去世。

因爲和美家中的桌上還擺著沒喝幾口的紅酒，以及客廳電視就這麼開著沒關，所以根據這些線索判斷，和美應該是突發性的猝死。

在我向和美的妹妹了解事情原委的過程中，了解到孤獨死其實是最爲理想的死法。因爲事前完全不會感覺到死亡逼近的恐懼。如果日常生活中，隨時都要留意死亡逼近的話，會是一件好事嗎？

和美之所以可以做到稱得上是完美的孤獨死的原因，就是因爲她始終沒有同居人這件事。

如果今天是和家人同住的情況，那麼一定會叫來救護車緊急送院等造成這樣的大騷動。到院之後，等著和美的可能是手術？還是維生治療？或許和美的妹妹一家人會替和美選擇維生治療也說不定。

「太好了！像這樣一個人生活，沒有家人眞是太幸福了。」我的心裡這麼想著，也對能這樣死去的和美羨慕不已。六十五歲死去或許有些早，但畢竟也已經不是三十多歲了。如果人生不是重視生命的長度，而是生命的質量，那麼和美應該已經充分足夠。能在不打擾任何人的情況下死去的幸福，可以在孤獨死中體現。

## 事例2「本人也驚訝的猝死」

——百合子 享年六十五歲 未婚 一個人生活——

在東京都過著一個人生活的百合子（化名），於二〇一二年時一個人孤獨死去。享年六十五歲。

百合子去世的消息，是NPO法人SSS NETWORK的友人以電話聯繫我，我才得知的。

最早察覺百合子異樣的，是公寓的鄰居。因爲送到百合子家中的報紙一直堆著，電燈也一直開著，浴室也一直傳來水龍頭開著的聲音，察覺這些異樣的鄰居於是用電話向警察報警。

趕到現場的警察隨後用鑰匙將門打開，發現屋內的百合子早已死亡。警察也用百合子的手機與百合子的友人聯繫。警察向百合子的友人表示，百合子的死因目前還不清楚是因病去世，還是事故去世。但想了解百合子是否有其他家人，以及是否有定期到院接受治療的病歷。也因爲如此，身爲百合子的友人且同爲NPO法人SSS NETWORK的會員，在向事務所聯繫之後，我們才得知這個消息。可惜的是，由於百合子並非共同墓碑的契約者，所以我們無從得知緊急連絡人這些資料。我們所知道的，就是百合子無業、未婚、一個人生活這些訊息而已。

根據百合子友人的說法，一個月前一起參加完NPO法人SSS NETWORK的活動後，回家的路上，一起喝茶聊天時還談到「不喜歡孤獨死」，道別時還說「那麼下個月NPO法人SSS NETWORK的活動再見囉！」

這就是連本人也驚訝的猝死。可是，如同和美在沒有打擾任何人的情況下死去的孤獨死，與百合子感到畏懼的孤獨死是不一樣的不是嗎？

## 事例3「倒臥在玄關附近」

——公子 享年八十四歲 一個人生活——

公子（化名）於一九二二年時出生平民住宅區，並在那裡生長。雙親過世之後，在獨棟的家中獨自一個人生活。因爲在地的關係，所以與近鄰彼此都有往來。

二〇〇七年十月的某天，公子倒臥在玄關附近時，恰好被鄰居發現。根據發現公子的鄰居說法，平常總是緊閉的玄關的門是呈現半開狀態，因爲感覺有些異樣才上前查看，結果發現公子竟然倒臥在玄關。原因是腦梗塞。當時雖然是呈現意識不清的狀態，但因爲仍稍有意識，所以立即將她送院，結果還是在兩個月後去世。

因爲公子平時與鄰居有保持往來的關係，所以當她昏倒時還能被人發覺，就這點來看或許無法說是孤獨死。但假設今天公子是倒臥在很難讓鄰居察覺的公寓，情況又會變得如何呢？會不會就這麼倒臥在那，就連死亡也沒人發現？

藉由上述的事例，現在的你對孤獨死又是怎樣的一個想法？孤獨死是悲慘的？

孤獨死是可怕的？一些刻意迴避與人交往，緊閉窗門獨自生活的人不說，生活在一般人際關係底下的人們，即便是單身，但死後遺體腐敗到無人知曉這種事情是不可能發生的。但這暫且不說，我認爲沒有比孤獨死這種死法更爲理想的方法了。

因爲死亡會在我們日常生活中突然造訪。幸福的日常生活中，在本人絲毫沒有感覺死亡恐怖的情況下，突然因爲身體某個部位的異變，瞬間往生他界。在某種意義上，這是一種極爲自然的死法。而且因爲是一個人生活的關係，即使昏倒了也沒有人可以幫你叫救護車。我並不是想要在這裡說家人的壞話，但是能夠在不打擾人的情況下離開這個世界是何等的幸福，不是嗎？

即便到了現在，希望能在他人的照護下走完最後人生的，還是大有人在，但是一個人安靜地到死亡的世界是最想的。既然遲早都要離開這個世界，不如安靜地離開。被送到醫院，經過層層檢查、治療，飽受苦難的結果，最終還是離開這個世界，這是多麼可怕的事情。

我並不是想要在這裡說家人的壞話（雖然這麼說，但還是不斷地說著壞話）。但家人的愛也是有好壞之分。我在第二章中也曾多次提到，身爲家人必須多方留意。朋友之間尚且還有一線之隔，但家人之間可以很輕易地跨入彼此的個人領域，以愛爲名，就擅自爲家人做出任何決定。

不懂得尊重本人意願的家人非常多。

過去當我才三十多歲時，曾經被一位我所尊敬的人這麼說過。當時的我，總是爲了單身的自己不由自主地嘆氣。可是這位我所尊敬的女性卻這麼跟我說：

「哎呀，這表示妳還是個大小姐呢！單身是多麼棒的一件事情，我想妳還不清楚。身旁有父母、兄弟姊妹存在是一件很辛苦的事情喔！所以身旁誰都不存在，就只有妳自己一人是一件很幸福的事情呢！」

當時的我，因爲年輕，所以還不清楚她所說的意思。但如今已經是七十歲高齡的我，終於理解她的話中含意，讓我不禁地點頭贊同。

# 餓死人的自費老人之家

聽到「餓死」這個詞彙，剎時心頭感到一驚的人，我想應該不只我一個人吧！某天，我從一位熟悉社會福祉的友人那裡聽到「會餓死人的自費老人之家也存在」時，一度懷疑是不是自己的耳朵聽錯了。

「餓死」？而且還是自費的老人之家？這到底是怎麼一回事？頓時之間，我的腦筋一片空白。

以前就曾經報導過「高齡姊妹餓死」的新聞，當時就對「餓死」這兩個字感到驚訝不已，至今都難以忘記。

根據報導，相依為命的兩姊妹在沒有瓦斯、沒有電力的房間裡，連食物也沒

有，最終兩人雙雙餓死。如果生活如此窮困，那麼應該連同高齡者的生活保護一併考慮才對。但是這個案例，似乎是因爲兩姊妹沒有對外求援，也沒有保持往來的鄰居的關係。

現在想起這個事件，或許是兩姊妹自己選擇用餓死來結束生命的緣故。兩姊妹餓死的眞正理由，只有她們本人才知道，雖然在這裡做無謂的揣測相當失禮，但我覺得自己似乎能夠理解兩姊妹的心情。會不會是因爲年老而失去生存希望的關係呢？

所以當我知道有餓死人的自費老人之家存在時，讓我忍不住想要去那個設施機構瞧瞧。

到目前爲止，我見過許多自費的老人之家，但這些老人機構各式各樣，很難用簡單一句話來概括陳述。

雖然建築物的外觀大同小異，但根據經營者的思考方式，實際上也存在著天國及地獄般的差別。但我認爲，對於這些入住者來說，重要的不是建築外觀或是設備的高昂與否，而是設施機構能否將「入住者第一」的理念落實在行動上，牢記在心中。

二〇一五年時，我曾參訪過荷蘭的高齡者住宅及設施機構。與日本國內設施經營者根本上的差異是，「入住者第一」這件事情。在荷蘭，力求貫徹，將入住者的希望擺在第一位。而協助執行的要角，就是在這些設施機構工作的人員。

舉例來說，假如入住者希望可以飼養四隻貓，在日本會以動物會給其他入住者帶來困擾，或是以安全衛生上的理由，斷然拒絕。但在荷蘭，首先機構的人員會花時間仔細了解入住者想要飼養四隻貓的理由。是否眞有飼養四隻貓的必要性？還是只要一隻就可以了？直到入住者可以接受爲止，彼此努力溝通。在這過程中，提出要求的入住者的情緒也可以逐漸平緩下來。因爲太過寂寞的關係，所以有時出現罵人等惡劣態度是可以體恤的。

也有一早就吵著要喝酒的入住者。在日本，會以一句「根據規定」就斷然拒絕。但在荷蘭卻可以得到「沒問題」的回覆。舉例來說，雖然「酒」可能會短減入住者的壽命，但還是要以入住者的幸福爲優先考量。所以在荷蘭的設施機構裡，並不存在著所謂的「規則」。

但在日本，不管什麼，總是搬出規則！規則！規則！所有的規則都是管理者根據自己的方便來制定的。即便入住者支付費用，還是得配合管理方的規則生活、多方忍耐才行。這就是日本的現狀。

難道日本人的國民性就是堅強的忍耐力？對上層的人一昧地唯命是從？日本究竟是社會福祉發展落後的國家？還是超強的管理社會？直到生命結束之前，仍須受這樣的限制及管理，讓我眞的感到很抱歉。

我曾到訪過一家位在東京都葛飾區十四年前設立，名爲「向星星許願」的自費老人之家。光是從它的命名，就可以感覺出與其他設施機構的不同。「向星星許願」是SUN HEART公司董事長三浦眞澄所設立的老人設施機構之一。當我有機會與三浦女士會面時，她本人散發一種令人感到相當自然且自由的氛圍。

出生於葛飾區的三浦女士，爲了地方上的高齡者，不但不斷投入設施機構的建造，對於地方上的雇用勞動情況也貢獻一己之力。以最早於一九九八年時設立的附設照護服務機構「KOSUMOSU」爲開端，直到現今的集體康復之家、日間護理服務，或是小規模多機能事業[1]等，是超過二十處地方的地域福祉事業的開創者。

三浦女士的方針，就是尊重每位入住者的生存方式。當我見到三浦女士時，直覺她的經營方式與荷蘭非常相似。

當我詢問三浦女士對維生措施有何想法時，她這麼回答：

「在這裡，我希望每個入住者都能在自然的情況下走完人生。這點我也無時無刻放在心裡。雖然努力朝著不採用維生措施的方向進行，但是也有不容易做到的理由。即使向入住者的家人轉達本人拒絕接受維生治療的決定，但入住者失去意識的時候，還是得依照他的家人的決定。儘管我們再怎麼著急也無能爲力。入住者的人生最後會變成那樣結果，我們也只能把它當成是這位入住者的生存方式了。」

至今爲止，大約有三千人左右在三浦女士的設施機構裡走完最後的人生，而這些人幾乎都是在機構裡接受照護的，也就是這些人是自然走完人生的。

雖然有些設施機構標榜也能「提供照護服務」，可是一旦入住者陷入病危時，還是讓救護車將入住者送到醫院，讓他們在醫院裡死亡的案例很多。因爲通常在家中或是機構設施裡死亡的情況，可能會令人質疑死因或是招來死於非命的疑慮，所以警方會進行驗屍或是展開相關調查，但這些對設施機構來說，是相當麻煩的事情。

可是三浦女士所經營的設施機構不同於其他機構。如果「入住者希望在自己的家中死去」，那麼在家中進行看護則是理所當然的事。只是設施機構裡的看護工作，常常讓許多還看不慣與死神拔河場面的年輕看護飽受驚嚇，因而無法繼續下去的人也不少。

對於生活周遭很少遭遇死別情況的現代人來說，不管是年輕人還是孩童，幾乎很少親眼見過死亡這件事。在三浦女士所經營的設施機構裡，當有入住者去逝時，可以讓小朋友們（鄰近的保育園）來參加逝者的道別會。爲的是讓小朋友可以體驗在日常生活中所發生的死亡。

接下來，我們還是回到「餓死」這個話題吧！這裡我想試著彙整三浦女士的著作《結束—慶祝美好地變老》（入り舞—楽しく素敵に老いを寿ぐ）中的部分內容，以及過去的採訪內容。

加藤誠先生（化名）入住這個設施機構後的兩年第三個月，在這裡餓死了。享年七十五歲。

加藤先生在戰後來到東京，長年在貨運公司裡擔任貨車司機，一直以來都是生活在堆滿垃圾的員工宿舍裡，直到過了七十歲。加藤先生之所以可以長年居住在員工宿舍，完全是出自社長的一片好意。無奈新一代的社長上任後，便收回了這項決定，讓加藤先生搬離宿舍。雖然社內有其他看不過去的員工，好心替加藤先生到市公所諮詢，卻因爲加藤先生的年齡條件以及多年來攢下不少的積蓄，被推薦入住自費的老人之家。而加藤先生所入住的設施機構，正是三浦女士所經營。

單身且與兄弟疏離的加藤先生在設施機構裡，最喜歡一個人靜靜地坐著讀報，完全不想與他人往來。

剛開始入住的一段時間，加藤先生還會配合接受定期醫療檢查，但有些時候又會突然拒絕進食，這點讓工作人員相當傷腦筋。大家雖然擔心加藤先生的健康狀況，但他看似又不像生病的樣子。

以「頑強地生活下去」爲自我信念的加藤先生，似乎是下定了什麼決心。是的，他下定了死的決心。

加藤先生從那時開始，不僅完全拒食，也拒絕注射點滴。他曾經這麼說過：「我已經失去了活下去的意義。身體也漸漸變得無法行動。因爲不想給周遭的人帶來困擾，所以我選擇『死』這條路。」

就連三浦女士也曾不斷請求他，工作人員也將加藤先生送往醫院，但只要周圍的人稍微一不注意，他便把手上的點滴拔掉，讓醫院也束手無策。只是令人意外的是，雖然加藤先生拒絕進食，精神狀況卻相當地不錯。

雖然設施機構的工作人員努力想讓加藤先生多少可以吃些東西，但這反而讓他激動地全身顫抖，淚流不止地說：「自己的人生自己選擇。」接下來，甚至連水也不喝了。

爲此三浦女士相當煩惱，到底該怎麼做才好？難道要順從他本人的決定？還是要用強硬的方式讓他攝取營養？可是爲什麼加藤先生的死意會如此堅決？這誰也不知道。

就這樣，除了絕食之外，就連水也拒絕飲用的某天深夜，加藤先生就這樣靜靜地離開人世。他終於達到自己的目的了。設施機構的工作人員每晚都會在他床邊，準備一杯他完全沒有伸手去拿來飲用的水。試問自己活下去的意義究竟是什麼？貫徹自己最好的死法就是餓死。

這對設機構施來說是相當棘手的一件事。加藤先生本人的求死意志堅定，但應該尊重他的意志到什麼程度？而且可能之後會從哪裡跑出聲稱是死者家屬的人，鬧出控訴設施機構餓死人這樣的風波也是有可能的。

以入住者爲優先，替他們完成人生最終的想望，即使遭到批判也無所畏懼地面對，這點想必連加藤先生也對設施機構由衷地感謝吧！畢竟「尊重本人意願」這件事，說起來簡單，做起來卻相當地困難啊！

雖然三浦女士說：「在人生最後所呈現出的姿態，就是他生存方式的寫照。」但如果沒有設施機構的體恤、配合及關愛的話，是根本不可能做到的。

到目前爲止不斷抨擊日本設施機構的我，在聽了三浦女士的話之後，讓我羞愧地想要找個地洞鑽下去。原來尊重本人意願，並以此爲信念的設施機構是眞的存在啊！

❶以日間照顧服務為基礎，擴充居家服務與臨時住宿服務，將同一社區內的照顧資源做結合，並彈性運用，再配合其他長照相關服務，以滿足長者與家屬多樣的服務需求。

# 在家孤獨死去的可能？

我坐上訪問診療醫師的車子，一起到十一位病患的家中拜訪。可能是因爲自己單身的緣故，原本以爲接受訪問診療的病患中，獨居老人會占絕大多數，但令人意外地，有家人陪在身旁的八十歲以上，患有輕度失智症的高齡者最多。完全獨自生活的高齡者僅有一位而已。

雖說現在日本獨居老人的人數增加，但一方面由於醫師可以出診治療的緣故，所以眞的能在家中死去的人，或許並沒有想像的多。可是嬰兒潮下出生的人口，到了二〇二五年時就將邁入七十五歲高齡，我想到時情況肯定會變得完全不一樣。

另外，因爲現在單身的高齡者人數還不算多，所以多少還能借助行政的力量。

可是一旦到了社會上到處都充斥著七十五歲以上單身高齡者時，又會變得如何？光是想像就讓人不寒而慄。居住家中的單身獨居高齡難民充斥你我生活的日子，已經逐漸逼近。單身者就像是下定決心要自己一個人活下去，不會挑剔住所，那麼這對抱持「一個人的美學」的覺悟的我，又會變得怎麼樣呢？

如果能健康地直到如同草木自然枯竭般死去的話倒還好。但如果不幸腦梗塞或是罹患失智症，就不是沉迷在自我美學的情況了。

如果今天雙腳行動不便，且已經是無法自行到廁所如廁的情況，還適合一個人在家中努力生活嗎？賭上自己身體的實驗即將開始。「老」這件事，無論對誰來說，都是未知的遭遇啊！

一位在宅診療的醫師這麼說：「即使一個人生活，也可以在自己的家中死去。」但我認爲，除非是搬到那位醫師所居住的地區，否則是不可能的。

十五年後的我已經是八十歲的高齡，到了那個時候，在宅照護是否會在全國各地成爲一種普遍的照護方式呢？訪問診療的車子是否也會多到像計程車一樣滿街跑呢？看看我們現在的政府官員陣容，可以想見日本福祉的未來將會如何地慘澹。

只要看了訪問醫師的工作，就可以知道病患是多麼期待醫師的到來。

「您好。」聽到醫生進門的招呼聲，不只病患的表情瞬間開朗起來，就連照顧病患的家人（一般多是病患的妻子或丈夫）的表情，也瞬間跟著明亮起來。

「等我送走他之後，就打算搬進自費的老人之家喔。」一位病患的妻子，抓著剛進門的醫師，一邊翻著自己手上的文宣，一邊滔滔不絕地向醫師說著自己未來的計畫。看來對訪問醫師來說，如何適時打斷家屬說話也是工作項目之一。

血壓、脈搏以及含氧量的測定是例行的檢查項目。訪問醫師也會詢問病患，與上次訪問時相比，有沒有哪裡感覺到不太一樣。如果真有緊急狀況發生時，不管幾點都可以聯繫他們。

知道還有這麼一個守護自己的人，對病患來說是多麼令人安心的事情。不只病患，就連照護病患的家人也同樣感到安心。

但是如果除了病患之外，就連照護病患的家人也是超過八十歲的高齡者，那麼不管誰先倒下，都不會是件讓人感到意外的事。過去我所拜訪的案例，絕大多數都是比較不需要照護的患者，但是隨著時間的過去，終將面臨老老照護的窘境。

當中便可能發生八十八歲的高齡者照護九十歲的高齡者、九十歲的高齡者照護九十五歲的高齡者，或是九十五歲的高齡者照護一百歲的高齡者這樣的事情。這和那些只要擔心自己情況的單身老人不同，那些有伴侶的老人，很可能就這麼與另一半一起倒下。

對於那些照護病患的家人來說，宛如救世主般存在的特別養護老人之家，會不會到了二〇二五年邁入超長壽社會之後，就變成「不是一百歲以上的病患拒絕接收」的情況？

看到這些訪問醫師努力奮鬥的模樣，我認爲，如果國家眞要推廣在宅照護，那麼對於這些醫師以及從事照護工作的人員，應該祭出更豐厚的報酬才是。看著政府就這麼吃定這些熱血醫師及照護工作人員，實在讓人很難感受到政府會端出什麼樣的對策。政府採取的方式是，不增設特別養護老人之家這類讓病患度過最後人生的場所，而是推廣在宅照護的方式。說穿了，就是爲了削減醫療方面的支出，強行把照護工作施加在病患家人的身上罷了！

與荷蘭不同的是，日本政府完全沒有替生活在這個國家的每一個國民著想。可

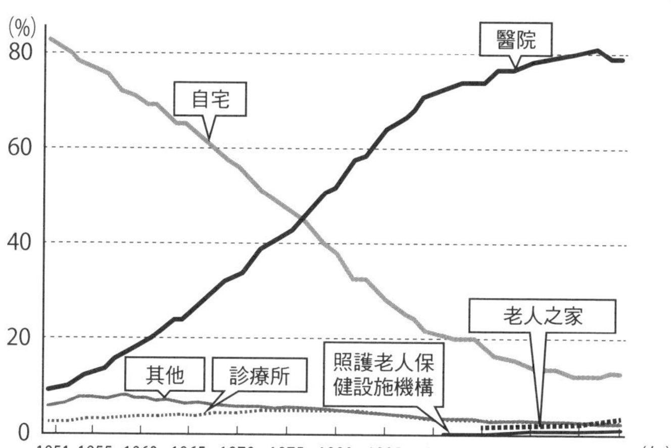


1994年之前老人之家死亡人數，包含在家中死亡人數。
資料來源：厚生勞働省「人口動態調查」。

## 死亡場所統計圖（各國比較）

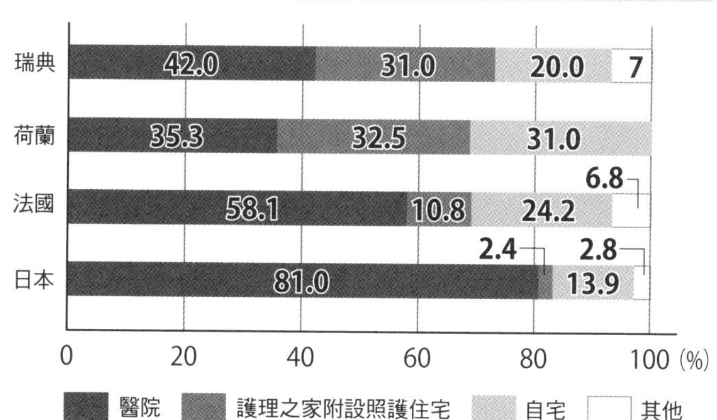


為了與他國相較，日本採用2000年統計數據。
資料來源：醫療經濟研究機構「要照護高齡者臨終醫療研究報告書」。

是關於這點，我們這些沒有確實做好監督及矯正國家稅金用途的國民也有著同樣的錯。沒有確實確認這些稅金是否用在設施福祉的建設上，反而是進了承包工程商的口袋的我們，也是有責任的。

雖然事後的報導也很重要，「這麼重要的事情是什麼時候決定的？」、「是誰決定的？」只可惜這些都已經爲時已晚。

如果少了報紙等新聞媒體的報導，一般市民又該如何得知是否有重大法案被提出？這裡如果要再繼續說下去，我想我的血壓又會升高，所以還是就此打住好了。

選擇自費老人之家做爲人生最後處所的人，實際上並沒有那麼地多。

如果絕大多數的人都會在自己家中走完人生的話，那麼爲什麼現在的訪問醫師這麼少呢？我們經常可以看到日間護理服務的車輛穿梭在大街小巷，但爲什麼訪問醫師的車輛這麼少見。如果在車身上貼上讓人容易識別的「Doctor.○○」這類字樣的話呢？儘管只有這樣，我想市民們在意識上也會有所改變的。

可以活下去是一件很棒的事。但可惜的是，我無法打從心裡爲這件事感到開心。長壽這件事情，離幸福愈來愈遙遠了。

# 第四章

# 不能選擇安樂死嗎？

## ——荷蘭安樂死協會

# 「我想用安樂死結束自己的人生」
## ——橋田壽賀子的社會影響

九十二歲的腳本家橋田壽賀子❶女士在她九十一歲時，在每月發行的《文藝春秋》（二〇一六年十二月號）刊文〈我想用安樂死結束自己的人生〉，引起了社會很大的迴響。當她看到《文藝春秋》刊在廣告文宣上的標題時，還很高興地說：「很好！確實幫我傳達出來了。」

日本是個對「死亡」這個話題不太願意去觸及的國家。如果有人公然說：「我想選擇安樂死」的話，會帶來什麼樣的後果，誰也不清楚，所以我很期待藉由橋田女士這篇文章的發聲，讓「安樂死」這個議題能夠廣泛地被討論。

有關橋田女士的這篇文章，我直接引用該月刊中的部分內容。

自從我過了八十歲之後，就想著萬一有天自己罹患失智症的話，就用安樂死來結束人生會是最好的選擇。二十七年前，從事電視工作的先生就已經離我而去，我們也沒有小孩，平常也不太與親戚有所往來，可以說就只有我一個人而已。因為我也不想給周遭的人帶來困擾，所以如果真的變成頭腦癡呆狀態的話，那麼我也不想就這麼活下去。當自己對原本熟悉的一切都變得陌生時，生存樂趣也會跟著消失殆盡。這種情況下，實在很難讓人繼續活下去。

正當我想著該怎麼辦、試著調查看看的時候，發現只要透過手機就可以查出許多訊息。在瑞士，花費七十萬日圓，就有組織可以協助你完成安樂死。

安樂死雖然在日本尚未被承認。但是在瑞士、荷蘭、比利時、盧森堡等歐洲各國，或是美國的新墨西哥州、加州、華盛頓州、奧勒岡州、蒙大拿州、佛蒙特州這六個州，似乎都已經被認可。在這些國家或州裡，有協助安樂死的組織存在。

根據橋田女士的說法，本人必須具備判斷能力似乎是接受安樂死的條件，可是要如何清楚判斷並不是件容易的事。但儘管如此，橋田女士還是想去瑞士接受安樂死。

不出所料，橋田女士的發言果然在社會上引起軒然大波。

擔任精神諮詢師的江原啓之先生，就針對橋田女士的發言做出下面這番猛烈抨擊。「好不容易從戰爭中倖免於難，生存下來，怎麼可以輕易說出『想用安樂死來結束自己人生』這樣的話呢？」

如果我這麼說有失禮的地方，衷心希望江原先生可以原諒。可是當我在《女性SEVEN》（二〇一七年一月一日號）讀到江原先生的這篇報導時，讓我覺得江原先生雖然已經是位相當知名的人士，但畢竟五十二歲仍是相當年輕的年紀，或許還是無法了解眞正上了年紀的老人內心的想法吧！

老實說，有時試著想像八十歲時的自己，內心都會感到害怕。這次，我之所以會寫下《長壽地獄》這本書，也是出自一種對年老的恐懼。雖然抱持人生不應該受年齡束縛想法的人大有人在。但我覺得，就像沒有眞正生過一場大病的人，是無法了解生大病時的心情一樣,如果沒有真的到了隨時結束人生也不會讓人感到驚訝的年紀,是很難理解老人內心真正的想法。

到目前為止的日本社會,仍是抱持著長壽是一種幸福象徵的想法。可是就在迎接超高齡社會到來的現在,閃過我們腦中的卻是「長壽真的可以稱得上是幸福嗎?」這樣的疑問。

「長壽」這個詞彙很美。但另一方面,長壽這件事也代表著人生中如腐朽般的時間正在延長。換句話說,辛苦的時間也跟著變長。而這也是長壽讓我們不得不去思考的事情。

藉由橋田女士為安樂死發聲所引發的廣大社會迴響,是否開始讓許多人思考,「只要活到開始受苦之前就可以,不用活到太久的年紀」呢?

只是,現階段的日本,首先接收到的是比較具衝擊性的「安樂死」這個詞彙,但其實真正應該了解的,是這個詞彙存在背後的意義。因此在這裡我想再次說明,「安樂死」與「尊嚴死」的差別。

## 所謂「安樂死」

對於無法施救的病人，依照他本人的意願，爲他施行沒有痛苦的死亡方式（參考書目《廣辭苑》）。

安樂死又可以分爲「積極的安樂死」與「消極的安樂死」兩種。一般我們所說的安樂死，是指「積極的安樂死」的情況比較多。

所謂「積極的安樂死」，是指根據病患本人的意願，自行服用致死性藥物以達到死亡目的的行爲，或是根據病患本人的意願，藉由他人（一般是由醫師）之手蓄意協助病患進行自殺，以達到死亡目的的方式（參考來源「維基百科」）。

## 所謂「尊嚴死」

所謂「尊嚴死」，是指不對病患做多餘的急救措施，給予病患有尊嚴的臨終對待的同時，結束生命的方式（參考來源《知惠藏》）。

---

❶日本國寶劇作家，知名作品有《阿信》、《冷暖人間》等。

# 造訪荷蘭安樂死協會

一直以來傾注心力在安樂死議題的我，終於有機會造訪位在荷蘭的安樂死協會，一圓我長年來的夢想。二〇一五年六月，我以荷蘭高齡者住宅考察團團員身分，隨隊出發前往荷蘭。對我來說，這次的考察不僅讓我思考了關於自己的最後人生，同時也讓我思考了日本現有的社會福祉以及人們的幸福，讓我對自己原有的生死觀起了相當大的改變，對我來說是趟相當重要的旅行。

阿姆斯特丹眞的宛如明信片上映照的一樣，是座相當美麗的城鎮。安樂死協會就位在運河沿岸，十七世紀所遺留下來成排紅磚建築的一角。

辦公室位在建築物的二樓。進入之後，映入眼簾的是一個有著大片玻璃的房

間，以及一位在電腦前說著電話的中年女性。

房間裡頭大約有二十人吧！這個房間就是安樂死協會的中心，也是接受尋求安樂死協助的人諮詢的地方。在這裡，擔任安樂死的諮詢志工約有一百二十名，都是以輪班的方式進行。

在荷蘭，不只是安樂死協會，許多福祉相關的現場都會有志工的支援。這些志工的身分，很多都是退休律師、護士、醫師、大學教授等各個領域的專業人士。這裡稍微岔開一下話題，荷蘭可以稱得上是志工的國度。荷蘭國民的志工精神，從小便開始培育，確實紮根在每個人的心裡。

我們拜訪當天，爲我們一行人進行解說的，便是專攻刑法的退休大學教授威廉森（Willemsen）女士。

在福祉規劃完善、不用擔心老後經濟問題的荷蘭，一旦從自己原來的工作崗位退休之後，還能用志工的身分繼續發揮自己所長這點，與我們印象中的日本志工不太一樣。

# 歷時三十年的安樂死法案

可以接受賣春的荷蘭。自由國度的荷蘭。可以協助安樂死的荷蘭。我覺得荷蘭是走在世界前端的國家。荷蘭對我來說，不是鬱金香，也不是水車，而是可以施行安樂死的國家。

因爲罹患重病，在所剩不多的最後人生裡，不僅身體，就連精神也飽受折磨，瀕臨臨界狀態。這時如果可以不用選擇自殺，而有「安樂死」這個方法可以選擇的話，那麼活下去將會是件多麼享受的事。

如果自己身處在那樣的情況下，我所想到唯一的解救方法就是安樂死。但是期待安樂死這件事情的背後，其實是因爲已經到了束手無策的地步，所以只好希望有

一個可以舒適地結束自己人生的方式。

安樂死協會的志工威廉森女士說，我們應該要正確認識安樂死才對。即使在荷蘭，當初安樂死法案也不是隨便輕易就通過，還是經過長年的研究及議論，最終才得到這樣的結果。聽了這番話，讓原本一直以為在荷蘭可以輕鬆通過法案的我感到慚愧。

荷蘭的安樂死法成立於二〇〇一年。但就連我也感到驚訝的是，安樂死竟然在合法化之前就已經開始實施。荷蘭的安樂死落實法治化的契機，可以回溯到一九七三年的一起事件。

經不起半身癱瘓、屢次自殺未遂的母親的請求，女兒與同樣擔任家庭醫師的先生安德里斯・波士特瑪（Andries Postma），注射嗎啡讓母親結束生命。為什麼安樂死已經被施行，還會引起這般騷動呢？原來女兒在替母親完成安樂死之後，便遭到警察以委託殺人的罪名遭到逮捕。當時整個城鎮的人們為了不讓這名女兒入獄，發起支援運動，結果判處監禁一週並處以緩刑一年的刑罰。

就在這起事件歷經十一個年頭之後，也就是一九八四年，擔任家庭醫師的斯肯海姆（Schoonheim）醫師，爲一位九十五歲的高齡者進行安樂死。當時一審地方法院做出「沒有違法性」的無罪判決。隨後檢察官上訴，高等法院再做出「有罪，但不處以刑罰」的逆轉判決。之後最高法院退回高等法院再審，高等法院承襲地方法院的判決，最終無罪確定。

也因爲這個判決，荷蘭全國上下熱烈地討論安樂死的議題，於是便開始對安樂死展開正式調查。沒想到這個調查工作一旦開始投入便耗費了十年光陰。特別是對執行安樂死的家庭醫師進行訪問調查，並且進行多方議論。

如果要說到爲什麼是針對家庭醫師，又是荷蘭與日本的不同之處了。在荷蘭，落實由經常看診的醫師來爲同一個人的一生看病的家庭醫師制度。也就是說，自己的健康狀況是經常替自己看診的醫師最清楚。因此實際上，實行安樂死的家庭醫師也不在少數。

只是不管哪個國家都一樣，一旦打算制定成法案，就與政治脫不了關係。一九八〇年代的荷蘭，有基督教背景的人占了七成，政府也是一樣。如同大家所知道的，基督教的思考模式是「因爲人是上帝創造的，所以不可以隨便奪取生命」。

也因爲這個緣故，直到二〇〇〇年政黨輪替之前，安樂死法案遲遲無法通過。可是荷蘭議會看準了二〇〇二年政黨輪替的時機，終於讓長年來懸宕的安樂死法案順利通過。

也就是從一九七三年家庭醫師波士特瑪事件開始，到安樂死法成立爲止，總共歷時了三十年的歲月。

## 安樂死的承認

想要在荷蘭取得安樂死的資格，遠比你我想像得都還要困難。爲了取得安樂死的資格，下方所列條件必須一一確認。

**① 本人的末期狀態**

生命所剩不多的狀態，如癌症末期。

癌症初期則不符合條件。

**② 他殺**

聽到「他殺」兩個字會讓人感到有些心驚膽顫。但是並非由本人自己執行，而是由醫師來執行。

### ③理由

必須有尋求安樂死的理由。關於這點，直到最後都必須與醫師好好討論才行。而且不是只有與自己的家庭醫師討論，還必須徵詢非親友的第三方家庭醫師的意見才行。過程中，會不斷地向本人確認「死」是否眞是唯一的選擇？期間如果家庭醫師發現可能還有其他的選擇時，有義務向本人傳達。

### ④本人的意思

尋求安樂死並非家人的意思，而是出自本人的意思。

不只如此。儘管在這裡做出了患者只能尋求安樂死協助的結論，也不是馬上就可以執行。首先，家庭醫師必須提交患者只能尋求安樂死的相關報告，並將該份報告呈交委員會（法律專家、醫療倫理專家、精神科醫師）審核。如果可以在這裡得到認可，被視爲合法的話，才能執行安樂死。

雖然這麼說或許會被荷蘭人斥責，就算因爲過得生不如死而希望尋求安樂死，也不是輕易就能得到許可。出了日本後，我以爲只要得到安樂死的許可，就可以不用淒慘地選擇自殺方式來結束自己的生命。但在這裡，我想承認自己想法的錯誤。證據就是，根據荷蘭安樂死協會志工威廉森女士的說法，在荷蘭每年約有一千八百～二千人的持續增加自殺人口。

順帶一提，根據厚生勞働省統計，二〇一六年的日本自殺人數爲二萬一千八百九十七人，二〇〇三年的三萬四千四百二十七人爲高峰，到了二〇〇九年後便開始逐漸下降。

## 荷蘭安樂死實態

我們一起來看看由荷蘭安樂死協會所提供的二〇一三年數據。

**安樂死人數**4829人(2013年)

病名
癌症3588人
心臟疾病223人
神經系統障礙294人
呼吸障礙174人
失智症97人

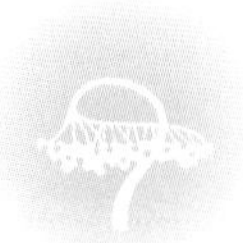

精神病42人
其他160人
多重疾病251人

安樂死的方法（2013年）

注射4501人
服藥286人
注射搭配服藥42人

安樂死的執行者（2013年）

家庭醫師4281人
醫院的專門醫師213人
老人醫院的專門醫師193人
老人醫院醫師的隨行醫師13人
其他專門醫師129人

## 承認安樂死的國家及地域

| 國家 | 瑞士、荷蘭、比利時、盧森堡（以上為歐洲） |
|---|---|
| 地域 | 奧勒岡州、華盛頓州、佛蒙特州、新墨西哥州、蒙大拿州、加州（以上為美國）、魁北克省（加拿大） |

由此可知，絕大多數的病患都是藉由家庭醫師之手，選擇在自己的家中接受安樂死。

幾天後，我拜訪了一位在阿姆斯特丹擁有辦公室的三十多歲女性家庭醫師，向她請教有關安樂死的事情。讓我驚訝的是，這位女醫師用若無其事的口吻對我說：「昨天我才剛結束一個安樂死的案例。」這位女醫師說自己到目前爲止，已經替六名病患以注射方式完成安樂死。但爲什麼是用注射的方式？據說用注射可以確保病患的死亡。如果是用投藥，無法發揮藥效的情況也可能發生，所以死亡的機率並非百分之百。

一般來說，在家中進行安樂死是最爲普遍的做法。躺在床上的病患周圍，圍繞著自己的家人及親友，當說出「我們就用紅酒乾杯！」這句話後，便面帶笑容且以沉穩的態度執行安樂死，總覺得讓人羨慕。

在荷蘭，安樂死的說法爲「Euthanasia」，這是取自希臘語中意味著「好」的eu，以及「死」的thanatos，兩者結合之後，便有了「幸福地死、好好地死」的意思。安樂死，就是一種可以幸福死去的方法。

「那麼，差不多了嗎？」家庭醫師這麼問。當病患本人也點頭同意之後，便朝手腕進行注射。幾分鐘後安詳地去世。房子外頭，也有警察待命。這就是荷蘭的安樂死現場。

## 失去生存意義的高齡者安樂死，將成為今後課題

爲我們進行解說的志工威廉森女士說，近來有許多罹患失智症初期階段的患者希望尋求安樂死。但這在判斷上十分困難。今後，如何判斷患者究竟是「精神障礙與失智症的合併症」，還是只是「失去生存意義的高齡者」，將成爲安樂死協會的課題。

這些話讓我聽得直點頭。因爲失去生存意義的高齡者，也可能是我自己將來的寫照。我可以想見，沒有親人孑然一身又固執的我，如果老了又失去存活意義的話，勢必會如同廢人一般。等到那個時候，就會恨不得可以早點結束自己的人生。

在社會福祉規劃完善，且讓人到人生最後都能安心生活下去的荷蘭，居然還有老人一心求死，這點讓我有些驚訝。「老」這件事眞是讓人傷透腦筋啊！

對於那些身旁有家人的老奶奶來說，長壽或許是件幸福的事情。但是對於像我這種孤身一人的人來說，如果沒有辦法讓自己過得像樣的話，就糟糕了。因爲現在還有我想要去投入的事情，所以還能讓自己散發閃耀的光芒，陷入低潮還言之過早。等到自己眞的變成老奶奶，漸漸變得沒有體力的時候，還能忍受得了這樣的自己嗎？我也不是因爲沒有建立一個屬於自己的家庭而感到後悔，只是想到還是有些難受。

或許也是因爲這樣，我從以前開始，本能上就很嚮往可以施行安樂死的荷蘭。

「失去生存意義的高齡者安樂死，將成爲今後課題」，可以說是超高齡社會的必然問題。令人痛苦的不是患病這件事，而是即使沒有患病，可以長命百歲，也會讓人痛苦這件事。失去生存意義的高齡者……儘管在精神上和以前沒有什麼兩樣，但是被孱弱的身軀給拖活著，這是我們所無法想像的。

## 荷蘭接受安樂死的背景

首先，荷蘭與日本最大不同之處，在於荷蘭是個尊重個人決定的國家。不是衆人的想法，而是尊重你個人的想法。也就是，以個人的幸福爲優先考量的國民性。

我之所以可以這麼說的證據，是因爲在荷蘭有「聽從患者」這條治療法規。這點與「聽從醫師」的日本大相逕庭，眞的讓我相當訝異。在荷蘭，當患者提出「我不想再吃了」或是「我不想再接受治療了」的時候，醫師必須遵從患者的意願。如果醫師不願遵從，還會受到懲罰。關於這點是好是壞我們暫且不談，但是從這裡就可以知道，荷蘭是個多麼以個人意願爲優先考量的國家。

我們可以說，荷蘭之所以是世界上最先成立安樂死法的國家，是因爲「尊重個

人幸福」的想法根植在每個國民的心裡。在荷蘭，不是用「因爲是上帝所賦予的珍貴生命，所以不可輕易結束」這樣的道德觀來判斷，而是用「如果這麼做可以讓這個人變得幸福，那麼大家應該盡力協助」這樣的思維來推進。

此外，在荷蘭相當注重「對話」這件事。甚至可以說已經到了讓人生厭的程度。爲了能夠理解對方的主張，絲毫不在乎時間的耗費。這點就不像單憑一次或兩次談話就做出決定的日本。就像經歷三十年的歲月才通過安樂死法案一樣，不斷地討論，徹底地磨合，才是荷蘭人的風格。

因此政治上，荷蘭人也不是用「交給誰都可以」的態度來看待。對荷蘭人來說，政治話題就像足球話題一樣，不管是誰，就連在路邊都可以熱烈地討論。

還有，提到安樂死的背景，不能遺忘的是經常看診醫師的存在。與日本不同的是，在荷蘭是導入家庭醫師制，而非自由訪問制。所謂自由訪問制，就如同現在日本的做法一樣，病患可以自由選擇醫院前往就診。另一方面，家庭醫師制是決定自己的家庭醫師，如果有必要到醫院就診的話，也是由家庭醫師決定，而非自己可以擅自選擇。

這麼做的好處是，醫師可以清楚掌握病人的家族背景、體質、性格、病歷，所以不管任何時候都可以向自己的家庭醫師進行諮詢，讓人有安心感。

但壞處是，如果遇到突發急症時，還必須等到家庭醫師做出判斷才能決定下一步，有時也會發生爲時已晚的案例。

一位住在英國的友人，便對這種家庭醫師制度感到相當反感。因爲就算身體不舒服打電話給家庭醫生，他們也不會馬上前來。過去就曾經發生在這段期間，因爲身體急遽惡化導致死亡的案例。就算提出希望到大醫院看診的要求，也不會居中協助。荷蘭的家庭醫師平均一個人要負責二千名。從出生到骨折、從消化器官、腦部診斷開始，到看護病患等工作，對家庭醫師來說都是稀鬆平常的事情，這讓我相當驚訝。總而言之，無所不能的醫生就是家庭醫生。

這樣到底是好是壞，我無法判斷。但是日本似乎也開始傾向採用這種交由同樣一位醫生看診的制度，所以也只好祈禱能夠順利下去。但總是習慣放煙霧彈裝腔作勢的日本政府的政策，我是不怎麼相信就是了。

如同大家所知道的，共謀罪是瞬間就可以遭到定罪的，但是關乎到生命的尊嚴死，竟然到現在還沒有受到國家的重視，被提出討論。這種情況下，我們還能對這個國家有所期待嗎?到底能否在這個國家幸福地死去?我眞是愈來愈擔心了。

阿姆斯特丹的傍晚很美。那些對自己老後無所擔心的人們，看起來似乎很享受自己的生活。據說荷蘭人似乎是爲了休假才工作的。「人生是爲了享樂而存在的。一旦到了無法從嘴巴進食的地步，那麼人生也就結束了」，這就是荷蘭人的生死觀。

安樂死協會爲我們做的說明相當詳細，大約有兩小時之久。我們可以從這些志工所展現的笑容及耐心中，感受到他們對這份工作的驕傲。

志工所負責的工作，不只是電話的應對，更主要的是必須到希望訪談者的家中，做好傾聽的工作。我感覺安樂死協會不單單是提供有關安樂死的諮詢，他們也會體察尋求安樂死的人的心情，並賦予他們活下去的勇氣。

走出安樂死協會的建物，我的心裡感受到一股難以言喻的平和。就是這樣沒錯!荷蘭人之所以能樂活在當下，不是因爲他們完善的福祉制度，而是因爲每個人打從心裡都懂得「尊重個人」的這個想法。面對因罹患重病而生不如死的人，他們不是一味地勉強他們活下去，而是設身處地站在他們的立場，爲他們著想。

在日本，雖然抱持「自己不能主動求死」想法的人很多，但是那無關善惡問題。我覺得以人的幸福爲優先考量的安樂死，不也是一種讓人活得安心的選擇嗎?

當面臨最壞情況的時候，如果能有「合法的安樂死」做爲選項之一的話，也是一種讓人可以活下去的希望。

荷蘭的運河相當美。荷蘭人就在這樣的自然環繞下，悠閒自在地生活著。看著眼前的這幅景象，我更加確信，在荷蘭意味著「善終」的安樂死，正是荷蘭人對於正在受苦他人的一種愛的表現。

承認尊嚴死與安樂死的合法，不正是一種對他人愛的表現嗎?可惜的是，日本所欠缺的正是一種發自內心對他人的愛。

我眞的發自內心慶幸自己能夠來到荷蘭。就連尊嚴死都尙未法制化的日本，實在很難想像會有讓安樂死合法化這樣的一天到來。我們現在迫切需要思考的，不是安樂死的是非問題，而是「到底什麼才是個人的幸福」這件事情，不是嗎?

# 第五章

# 為了尋求善終，現在開始必須思考的十件事情

# 尋求善終應該做的十件事情

說到「善終」，具體來說應該怎麼做才好？要趁著能夠做出判斷的現在，事先好好地想一想，不然等到「那個時候」就已經爲時已晚。爲了尋求「善終」，下面我以自己的角度整理出十件應該要事先思考的事情。

## 1 接受維生治療？拒絕維生治療？

我想不管是誰，都希望可以有個不拖累的死去方式。可是只要沒有走到那一步，任誰也不知道自己究竟會怎樣死去。雖然不想往壞的地方想，但這不是自己覺得沒有問題，就代表一切都沒問題的事情，所以事先做好最壞情況的打算，才是可

以安心生活的方式。

如果罹患不治之症，會希望別人怎麼對待自己？希望接受的治療範圍可以到哪種程度？能夠承受苦痛到多大的程度？還是希望可以不要有苦痛？

等到自己年老或是罹患重大疾病時，如果已經無法從嘴巴進食，會希望使用營養補給的方式嗎？或是就這樣直到人生結束也沒有關係呢？只要趁著健康的現在，好好地把是否希望接受維生治療？或是拒絕維生治療？這些事情想清楚就可以了。

如果不這麼做的話，萬一有一天就這麼突然倒下，或是遭逢事故，很可能就這麼被救護車送到醫院，視情況當場被裝設呼吸器，進行點滴注射。到時已經無法徵詢本人的意願，逕行被醫院施以維生措施的可能性很高。

此外，一旦被裝設維生治療的設備之後，直到生命結束之前，很難有再被拆除的一天，也就是直到生命消逝之前，就這麼與它共存。

儘管現在具有充分地判斷能力，可是一旦陷入意識不清的狀態，還是不得不交由醫師或家人來決定。所以在到達那個地步之前，自己決定是否要接受維生治療，或是拒絕維生治療，永遠都不會嫌太遲。尋求「善終」之前，必須先表明自己希望尋求「尊嚴死」。

抱持著「現在還不想去想那些事情，等到過了八十歲之後再來想」的人大有人在，但是表明希望尋求「尊嚴死」這件事情絕對不會嫌太早。如果希望將來自己可以自然死去，那麼拒絕維生治療會是明智的選擇。

## 2 寫下臨終醫療事前指示書

一旦表明希望尋求「尊嚴死」，拒絕維生治療的話，那麼請將自己的意思事先寫下來。或是成爲日本尊嚴死協會的會員，寫下臨終醫療事前指示書也是其中一種方法。

成了日本尊嚴死協會的會員，就可以收到一張會員證。只要將這張會員證放入自己的錢包等處，隨身攜帶，一旦發生緊急狀況時，被醫師或是急救人員發現的機率就很高。不幸的是，即便成了日本尊嚴死協會的會員，並且寫下臨終醫療事前指示書，可是一旦眞的發生緊急狀況的時候，是否眞的能夠拒絕維生急救措施，又必須視當時的情況而定，無法做出百分之百的保證。總而言之，明確表示自己的意思是很重要的。

日本尊嚴死協會也曾經發表過明確聲明，「即使寫下臨終醫療事前指示書，但是無法保證在危急狀況時，不會被施以維生的急救措施」。為什麼呢？因爲緊急情況發生的當下，什麼時候？在哪裡？遇到什麼樣的醫生？我們完全不知道。所以說，即使寫下臨終醫療事前指示書，也無法保證不會被施以維生急救措施就是這個原因。

在不知道臨終醫療事前指示書的情況下，被裝設呼吸器是情有可原的。可是即使如此，爲了避免被施以維生治療，事先表明自己的意思還是有必要的。

不管事前對家人或是親友說得再多，一旦到了危險關頭，可能還是會讓他們動搖，要求醫護人員「請救救他的命」，而被施以維生治療的可能性是存在的。

當我還在撰寫書稿時，收到一位友人的聯繫，原來是友人九十六歲高齡、居住在特別養護老人之家的母親過世的消息。我詢問友人關於她母親臨終前的情況，據說是因爲設施機構人員發現，用餐時友人母親的狀態與以往不同，想讓她躺在床上休息，結果竟然呼吸停止，於是緊急讓救護車將友人母親送到醫院。在救護車上時，一度恢復呼吸，可是到院之後，儘管努力進行心臟按摩，最後仍然沒有恢復呼吸心跳。

聽到友人這麼說，我當下脫口說出：「沒有恢復呼吸眞是太好了！不用受苦就這麼離開眞是太好了。」從以前就常聽這位友人說，不希望讓自己的母親受到維生治療的折磨，但是當她接到聯繫，趕到醫院的這一個小時裡，母親之所以可以一度恢復呼吸心跳，肯定是救護人員爲了延長生命替她進行點滴注射的關係。友人也爲母親沒有強行被延長生命這件事感到慶幸。我們並不是想知道死神究竟會在何時，又以什麼樣的方式造訪。但是趁著我們頭腦還清楚的時候，透過書面清楚寫下自己的意思，是有絕對必要的。

## 3 事先向家人及親友傳達自己的意願

儘管希望在不接受維生治療的情況下自然死去，但畢竟到了那個時候，能夠決定的不是自己，而是他人。如果當下自己的意識清楚，也還能說話，或許還有轉圜的餘地。但就怕無法做出是否接受維生治療判斷，自己已經不是自己的狀態了。這種時候會做出判斷的，就是家人，就是身旁的親人。

被送到醫院的時候，如果還能跳起來對醫生說「請不要對我進行維生治療。我是日本尊嚴死協會的會員」的話，或許還有機會。可是從到目前爲止的事例來看，每當這種時候，幾乎都是由家人來做出決定的。

在這裡重要的是，平常生活中，就應該時常對家人傳達自己的意思，讓家人可以理解自己的意願。

我並不是想要說家人的壞話，但是比起說要尊重本人的意思，身爲家人的人經常會以自己的感情爲優先考量。因爲家人捨不得讓你死去。家人的願望，就是不管你變成怎樣，都希望你能保住一口氣息，繼續在他們身邊活下去。現在的我不管是對尊嚴死或是維生治療都已經相當了解，要是換作是以前的我，一定會哭喊著：

「請不要讓他走！」

二〇〇四年，八十五歲高齡的父親在家中倒下，被救護車送往醫院急診室的時候，當時無知的我，在急診室內看到眼前已經沒有呼吸心跳的父親，還與醫師產生衝突。因爲原本我以爲父親最多就是住院接受治療而已，沒想到竟然會就這麼過世。

「他已經過世了，再怎麼叫他也沒有回應！難道就沒有其他的辦法了嗎！」

但是現在想想，當初父親沒有被救回眞是太好了。因爲要是當初被救回的話，現在的父親可能就是一個鼻子插著管線，變成像植物人般的狀態也說不定。現在回想起來，還會爲自己當初的無知感到害怕。當時的我，關於尊嚴死及維生治療的知識眞的是一點都沒有。

緊急時候的急救措施，多半是由家人決定，如果自己堅決不想接受維生治療，那麼讓家人確實理解自己的想法是有必要的。

儘管自己已經單方面做好決定，但是如果沒有得到家人理解，還是很難付諸實行。或許不想去談論這種話題的家人大有人在，但還是希望可以花費一些時間，用耐心及毅力，努力地直到他們可以理解爲止。

一位與妹妹相依爲命的友人嘆著氣說，妹妹對金融話題相當感興趣，可是對於死或是最後的人生規劃這方面，卻一點興趣都沒有。自己身旁的親人就只有妹妹而已，萬一眞要發生什麼事情，可以趕到我身邊的也只有她一人。友人聳聳肩說，我還可以想見，萬一眞的發生事情時，妹妹在我身旁哭喊「不要讓我姊姊死掉」的樣子呢！

## 讓家人正視尊嚴死的方法

到底要怎麼做才能讓家人正視尊嚴死呢？就像將不想喝水的馬兒強行帶到飲水的地方，牠們還是不會喝一樣，要讓對尊嚴死議題沒有興趣的人開始產生興趣，雖然難度相當高，但還是有辦法的。

一、如果是與家人同住，裝作若無其事地將有關尊嚴死的書籍，如同忘了隨手丟在客廳的桌上一樣放置。

或許在書封套上一個有花樣的書套會比較好。桌子上多了個東西，應該會讓他們感到好奇，進而拿起來隨手翻閱。就算他們打開後又這麼闔上放回也沒有關係，總之就從讓他們的目光可以與這類話題接觸開始。如果是像週刊誌這類雜誌中有出現關於尊嚴死的相關報導的話，還可以在頁面上貼上便條紙，然後就這樣攤開放在桌上，製造讓家人可以順手將雜誌拿起來的機會。

二、在家人團聚時（如生日）的晚餐聚會，在大家面前說出自己對尊嚴死的想法。

像生日這種聚會場合，我想不會有人無視壽星的發言吧！在歡樂的氣氛中，「各位，在這裡我有個請求。將來的人生會變得如何我不清楚。但我想擁有尊嚴死，所以我已經簽署了臨終醫療事前指示書。如果往後眞有事情發生時，就請多多幫忙了。乾杯！」

在場的家人或許會感到些許錯愕吧！但適當地拋出有關尊嚴死的話題，運氣好的話，也許家人間話題可以就此展開，同時也有可能讓家人對尊嚴死感到興趣。最不理想的情況，就是等待家人直到他們對尊嚴死產生興趣。已經不能再耗費時間等待下去了，爲了讓家人可以理解自己的意願，付出努力是有必要的。

如果你的家人回應「死？眞是不吉利」類似這樣的話時，那麼我想你要做好你的家人可能是相當頑固的心理準備。雖然家人對尊嚴死一無所知，但或許只要他們詳細了解，就有可能理解你。所以千萬不要放棄，讓家人可以了解尊嚴死。尤其是在家人能夠尊重自己的意思之前，更要持續地努力。

## 4 叫救護車？不叫救護車？

年輕時就算生場病，復原也不是件困難的事。年輕人讓救護車送到醫院之後，只要經過治療，應該就可以逐漸恢復。可是換到高齡者身上的話，情況又會變得如何？

前幾天，我和一位與我同齡的主婦，兩人不知道是因爲什麼話題才開始談起。我說：「如果超過六十五歲，還是不要叫救護車比較好。」或許是第一次聽到的關係，讓她相當吃驚。畢竟一旦發生危急情況時，讓救護車送到醫院是一般人的基本認知，所以像我這樣的人應該非常少見吧！是否決定叫救護車這件事，因爲也關係到維生治療這件事，所以還是趁現在決定比較好。

老是說著漂亮話的我，雖然對死這件事情也尚未做好覺悟，但之所以一直對人談論著「善終」的話題，是因爲我從一位獨居會員的死這件事情，知道叫救護車並不是一件好事，所以我才希望可以在這裡傳達給各位。

雖然已經說過好幾次了，但我還是要說高齡者與年輕人是不同的。一旦發生緊急情況，雖然讓救護車送到醫院進行急救沒錯，但如果換作那些隨時死去也不會讓人奇怪的高齡者，我想又另當別論。既然都已經活到足以被稱爲高齡者的歲數了，往後還要受多少苦才能結束一生？如果希望不要受苦地自然死去，那麼就不要叫救護車了。

當然如果是一個人獨居的情況，就算在家裡倒下，身旁也沒有人可以幫忙叫救護車。許多相關團體的營運者，對於這種一個人過著獨居生活，一旦倒下，身旁沒有人可以幫忙叫救護車的情況都相當擔心。但是我眞的希望他們能夠清醒一點，了解原來無法叫救護車也是一種幸福。如果不叫救護車，也可以避免在醫院經急救後還是成爲植物人的情況發生。

叫救護車？不叫救護車？就看你自己怎麼選擇了。

## 5　希望孤獨死？不希望孤獨死？

因爲「孤獨死」這個詞彙給人一種淒涼、寂寞的感覺，所以不太會去使用。但在這裡，形容一個人在沒有被人發現的情況下孤零零地死去，我們便稱爲「孤獨死」。

孤獨死是令人討厭的，可怕的，寂寞的。但眞的是這樣嗎？你是否有看過孤獨死呢？

當我還是五十多歲的職場幹練女性時，每當從媒體上看到悲慘的孤獨死報導時，總會轉過身去，不忍心再看下去。可是一旦自己成了社會福祉相關團體的營運者時，每當看到有會員孤獨死去時，就會讓我漸漸了解孤獨死的好處。

每個人都是一個人被生下來，又一個人死去的。身旁有感情再好的家人，忍受痛苦、踏上死亡這條路的，終究還是只有自己一個人。

我想起一個案例。有位獨居且身體孱弱的高齡女性，因爲住在充滿人情味的地區，所以像是地方居民的支援中心或是護理人員，每天都會特地前去探望，關心一下這位老婦的情況。

某天，一位照護支援的專門人員對躺在床上的婦人問：「妳有希望我們爲妳做些什麼嗎？」結果這位高齡婦人這麼回答。

「可以讓我一個人嗎？」

你是屬於孤獨死派？還是家人陪侍派呢？

如果能夠抱持「我的最後人生不用讓誰來特意守護」的覺悟，那麼其實就沒有什麼好可怕的了。

## 6 人生最後的場所是家裡？還是設施機構？

撇開遭逢意外或災害而不幸死亡的情況不談，由於高齡隨時都有可能死去，所以一般考慮做為自己人生最後場所的，多半是選擇自己家裡，或是設施機構。而設施機構又可分成針對高齡者的一般住宅、高級住宅、自費老人之家，或是特別養護老人之家等。在這裡，我們將除了自己家以外的地方，都稱作是設施機構。

也就是說，是選擇在自己家中？還是家以外的地方？如果可以事先決定好要在哪個地方走完最後人生的話，會安心許多。

否則等到事情一旦發生，不得已的情況下非得做出決定時就已經太遲了。如果選擇設施機構做爲人生最後場所，那麼有一定程度的積蓄是必要的。因爲每個月的使用費用只有往上調漲的可能，不會有向下調降的餘地。如果靠著每個月那差不多的年金就想入住設施機構，並不太容易。如果經濟上沒有餘裕，就請從你的選項中將設施機構剔除，雖然這麼說有些殘忍，但這就是現實。

雖然入住設施機構也無法保證就此能夠安心、幸福，但是到底要選擇家中？或是設施機構？還是趁著現在健康的時候，不要迷惘，做出決定，將來才能有餘裕從容。

在第二二六頁中我列出現今日本國內所能利用的高齡者設施，以提供大家做爲參考。

選擇設施機構的話，每個月必須支付的費用，除了使用費用之外，還必須支付照護保險的費用。想要接受照護保險這項服務，必須向所在地的市區町村提出申請。關於支付限度的金額似乎依據各個自治團體有所不同，所以建議提出申請前，先向居住地區的市區町村詢問會比較好。

如果是在照護保險的支付限額以內，可以得到一成或二成的使用費用補助。可是如果超過支付限額的話，則必須自己全額負擔。此外，還有紙尿褲費用、醫療費用等，所以考慮的時候，有必要將這些費用以每個月使用費用的數倍來思考。

另外，如果是選擇在家中接受照護，卻也想使用照護保險或是在宅照護等服務的話，則必須支付相對的費用，但是也可以選擇不使用，是可以自由選擇的。比起經濟上的問題或是其他問題，一旦選擇在家中接受照護，就必須要有不管變成什麼狀態，都要全力以赴的覺悟。對於那些身體孱弱也無法一個人生活的人，或許可以考慮盡早進入設施機構會比較好。

像我這樣沒有充裕年金可以利用的人，打從一開始就沒有進入自費老人之家的想法，所以倒也樂得輕鬆。不見得經濟充裕就代表能擁有幸福，不充裕的人也是有不充裕的好處。

前幾天，我又聽到一個有趣的消息。一位友人帶著他的美國友人，到最近在東京都內剛開幕的超級豪華，入住費用超過上億日圓的自費老人設施機構參觀。

「午餐時間準備的料理非常豪華喔！可是，連一個說話的人都沒有。雖然餐廳裝潢非常氣派，但總感覺空氣裡飄盪著一股詭異的氣氛。」

身旁的入住者們，在用完餐後，便默默地各自回房。要說這裡是全日本最好的老人設施機構嗎？眞是讓我啞口無言。正好在撞球室遇見一位滿頭白髮、外表時尚的高齡男士，或許是因為見到美國人開心的關係，便用流暢的英文這麼對我們說：

「哈哈，這裡是好地方？不，這裡只是俘虜的收容所而已。因為我是俘虜，所以無法逃離這裡。我是我女兒的俘虜喔！」

在日本，很少是因爲在本人的希望下，才進入設施機構的。這就是現今日本的現實。

稍微在附近散步一下，可以看到許多推著輔助高齡者步行用小台車，正在過馬路的老婦人。僂著背，眞是連跨出一步路都相當地不容易。穿著上也不怎麼講究。可以清楚知道應該是過著獨居生活的高齡者。要是以前的我一定是這麼想的，「看起來好辛苦啊！我不想讓自己變成那樣」，接著把目光撇開，不忍心再看下去。但最近想法有了改變，開始覺得只要自己習慣了的話，也沒什麼不好的不是嗎？

「人生的最後場所要選擇哪裡？」如果是設施機構，那麼請在盡可能的範圍內由自己決定。但無論如何，都有必要做好受人照護的覺悟。

老人之家或是照護設施機構的種類很多，使用者期待的服務內容、目的、費用、入住條件也各式各樣。根據設施機構的不同，內容也大相逕庭。選擇前建議多加確認。

## 日本老人設施機構・照護設施機構的種類及數量

| 老人設施機構的種類・類型 | | | 數量 |
|---|---|---|---|
| 民間營運 | 自費老人設施機構 | 附設照護服務的自費老人之家 | 4,064 |
| | | 住宅型的自費老人之家 | 5,623 |
| | | 健康型的自費老人之家 | 16 |
| | 其他的設施機構 | 附設服務的高齡者住宅 | 6,668 |
| | | 集體康復之家 | 11,678 |
| 公家設施 | 照護保險設施機構 | 特別養護老人之家 | 7,631 |
| | | 照護老人保健設施機構 | 4,222 |
| | | 照護療養型醫療設施機構 | 1,215 |
| | 福祉設施機構 | 護理之家 | 636 |
| | | 養護老人之家 | 953 |

資料來源：厚生勞働省「照護事業所・生活關連情報檢索」、「平成27年度針對照護報酬改定」、（社）全國自費老人之家協會「自費老人之家・附設服務高齡者住宅的實態調查研究」、附設服務高齡者住宅情報提供服務。

※參考網站「大家的照護」中「老人之家・照護設施的種類」的資料製表。「老人之家的數量」為2017年6月統計結果。

老人之家或是照護設施機構的種類很多，使用者期待的服務內容、目的、費用、入住條件也各式各樣。根據設施機構的不同，內容也大相逕庭。選擇前建議多加確認。

## 7 你的居住地區是否有家庭訪問醫師？

如果已經決定要在自己家中走完人生的話，那麼首先最好了解在你所居住的地區，是否有家庭訪問醫師的存在。親自到自治團體或是地方居民的支援中心，調查一下自己的居住地區是否有家庭訪問醫師，從日常生活開始與家庭訪問醫師經常有所往來就可以了。

如果住家附有訪問診療或是在宅醫療專門的診所是再好不過了。但如果沒有的話，就找一位可以出診的醫師，平常感冒時，就去請那位醫生看病，讓他對你留下印象。這麼一來，當你發生危急狀況時，一定會對你有所幫助的。

以前在我居住的東京目黑車站附近，有一家招牌上寫著內科・皮膚科・整形外科的診所。因爲腳扭傷的關係，當我去那家診所看診時，對著醫生說：「我因爲是自己一個人生活，像這樣身體不舒服的時候，實在很困擾。」接下來，得到醫生類似這樣的回覆「這樣啊……反正同樣是在附近對吧！我可以出診去幫妳看病。」實在是太幸運了。即使診所看板上面沒有寫明，但實際上可以提供出診服務的診所還是存在的。

因爲我從不做定期健康檢查，所以也沒有比較熟識的診所，這是我最大的損失。就算年輕時身體沒有什麼毛病，可是隨著年齡增長，到了一定歲數之後，還是可以感覺到身體變得虛弱，這點我近來感覺深刻。所以如果已經決定要在自己家中走完最後人生的話，那麼找一個願意出診，且與你比較熟識的醫師是有必要的。

但如果此時此刻的你，感覺已經走入人生最後階段的話，又該怎麼辦呢？其實即便這樣，選擇我所說的這種方法的人也是有的。雖然是刊載在報紙上的報導，但過去有過一名高齡婦人，感覺自己已經到了末期階段，評估之後，認爲想在自己目前居住的地區進行在宅診療並不可能，所以她找到一位願意出診，協助病患在家做在宅診療的醫師，並且搬到那位醫師所在的地區，租了一間公寓，把自己封閉在公寓中，最後就這樣死去。

當我讀到這篇報導時，很驚訝竟然還有這種方式。如果是在宅診療，醫生可以出診的距離範圍大約是在三公里之內，所以從現在開始仔細調查是有必要的。

雖然這是一個比較極端的例子，但我想這位癌末的高齡婦人，過去確實曾在青森縣住過。另外，也有人是因爲看到雜誌上介紹的醫院，內心深深地被打動，「竟然還有這麼棒的醫院啊！我決定了！這裡就是我人生最後據點的醫院了」，於是就這樣決定了下來。這家是位在夏威夷的治療醫院。但讓我更驚訝的是，這位女士不但無法使用英文，就連坐飛機也是第一次呢！

這是我從一位從事醫療相關工作的友人那裡聽來的眞實案例。其實好奇心旺盛的我，也曾經到過夏威夷那家醫院訪問。在那家醫院的某個角落，也安置一個角落來回憶那位即使無法使用英文，也決意要來夏威夷這家醫院的日本女性。

這恐怕已經是幾十年前的事情了。當時應該還是日本臨終醫療醫院或是安寧緩和醫療等都尚未普及的時代。

在東京都的小平市或是新宿區，有熱心投入在宅醫療的醫生，這讓我相當羨慕住在這些地區的人們。我想接下來，在宅診療的專門診所也會陸續出現，所以一定要不斷從各方收集資訊才行。

## 8 身旁是否有可以談聊生死的友人？

看了那些單身會員死去的例子，讓我不禁覺得，一個人是否能夠依照自己所想的死去，還得看看在他身旁是否有好的友人。家人是無法選擇的，但是與自己擁有相同價值觀的友人卻是可以選擇的。想對家人談談有關「死亡」的話題時，可能會被回應「眞是不吉利」、「爲什麼要說這樣的事情呢」，看到家人眉頭皺起的表情，談話自然很難進行下去。我想有類似經驗的人應該不少吧！

國外的情況我不清楚，但是在日本的一般家庭裡，對於「政治話題」及「死亡話題」都相當反感。就連我也從來沒有和家人好好談過這類話題。所以有時我也會想，家人雖然是很親密的關係，但有時也是很遙遠陌生的存在。

特別是隨著年齡增長，更有必要結識一些與自己有共同價值觀的友人，與他們建立起一個良好的人際關係。能夠聊生死的人，是可以理解實際情況的人。如果能有可以與自己暢談生死的朋友，那麼不管是「生」或是「死」，都會是一件快樂的事。

而且就算你再怎麼嚮往尊嚴死，如果只是自己單方面決定，等到你眞的無法從嘴巴進食時，還是有被施以維生治療的可能。爲了竭盡全力避免這樣的事情發生，我們身旁的人，特別是讓與自己有共同價值觀的朋友理解這件事情是很重要的。

彼此在一起，一起聊哪個地方的哪家麵包店的麵包可口很開心，就連一起討論將來想要怎麼死去，也會讓氣氛變得更加熱絡。當然，這是基於彼此擁有共同價值觀的前提之下。如果彼此價值觀不同，那麼情況肯定又會有所改變。

四位單身感情和睦的友人聚在一起，可以說最後一定會談到的，就是有關「死亡」的話題。四個人可以不用顧慮地一邊談著死亡的話題，一邊喝著啤酒，這是多麼開心的一件事。我時常會這麼想，自己都已經活到這個年紀了，接下來一定要達成的目標，就只剩下「死亡」這件事了。

除了家人以外，結交彼此擁有相同價值觀的友人，一起研究「善終」的方法，這就是我的希望。

## 9 是否擁有自己的生死觀？

不知道是不是因爲日本人有很多是沒有宗教信仰的關係，所以感覺擁有生死觀的人並不多。不管是在歐洲還是美國，從小朋友幼稚園開始，便經常讓他們談論著「關於生命、關於生存」。可是在日本，只是爲了應付考試而拚命讀書，對於生存之上最重要的事情，反而避之不提。

在歐美，一般普遍認爲「一旦到了無法從嘴巴進食的地步，那麼人生也就結束了」，我想這也是和他們從小就有思考「生」、「死」話題機會的結果吧！反觀日本，不要抱持自己想法，反而是被鼓勵的。這就是這個國家的教育方針吧！畢竟將人民教化成無法思考，統治上會比較容易些。

醫療方面也是，將所有事情都交給醫生，自己完全不做任何調查，也不去質疑，就這樣把自己的生命交給了像醫生這樣的「他人」。

「你想吃什麼？咖哩好呢？還是漢堡排好呢？或是日式料理？」被這麼問到時，「我都可以，給你決定就行了。」

如果只是餐廳裡的點菜交給他人決定，那倒是無所謂，但這可是將自己生命交給他人決定的問題。因爲世界上已經找不到像日本人這種這麼順從的病患，所以日本的醫生應該也樂得輕鬆吧！醫生開立什麼藥物，病患就吞服那些藥物，會去質疑那些藥物的人很少。

我並沒有特別的宗教信仰。雖然中學時是就讀天主教學校，但也不會因爲這樣就成了天主教的信徒。長大成人之後，爲了學習宗教所帶給人的生存方法，有段期間我也開始去天主教教會或是基督教教會聽課，最後是到佛教寺院，透過坐禪的方式聽課。在那裡聽到有關生老病死的話題時，有時甚至會感動到腦中湧現乾脆就這麼出家算了的想法。但是不管講課的內容再怎麼撼動人心，終究無法成爲信徒的人還是存在。因此有關生死觀，只要取出各個宗教好的部分就可以了。

## 10 現在的你快樂嗎？

思考死亡這件事情，不同於思考活著的時候要怎麼活下去這件事情吧？不管怎麼說，人生都難逃一死。如果換作是樂透的話，中獎機率就是百分之百。既然不管怎樣每個人都難逃一死，現在就開始擔心將來的事情，反而不能享樂當下，不是有些多餘嗎？

最近，「臨終活動」開始蔚爲風潮。墓地的選擇或是喪禮的籌備等，差不多先有個規劃，明年再訂下目標，像這樣快樂地生活如何呢？

誰都不知道，也許自己明天就因爲一場交通事故死去。或是在下週的健康檢查結果報告中，發現自己罹患一個無藥可救的疾病也有可能。又或是在預定下個月參加的健行活動中，膝蓋疼痛受傷，變得無法行走。甚至日常生活中所積累的壓力，已經讓你在不知不覺中罹患胃癌。

雖然今天充滿健康、活力，但明天會發生什麼事情，誰也不知道。像這種如履薄冰般地不安全感，就是我們的人生。但是如果死去的話，健行也好，吃飯也好，這一切的一切都無法享受，更不用說想和家人或是朋友有所交流了。下輩子，我想進入東大，也想成爲可以在國外遊走的人！我想成爲演奏家！之所以能夠這樣說著自己的夢想，也是因爲自己還活著的關係。因爲活著，才能做出各種天馬行空的想像。

由尚未七十歲的我來說，或許說服力有些不足，可是一旦進入到死神的射程範圍之內的年齡，還能像這樣說著自己的想像，是一件很棒的事。讓人痛心的是，往往人總是要到了失去之後，才會發現那樣東西的美好。

父母不在了，才知道感恩父母。不把公司放在眼裡，等到被開除了，才懂得感激當初的雇用。等到自己的身體已經到了超乎想像的衰老時，才會了解年輕時的自己有多麼耀眼。

什麼方法才是「善終」的方法，這點因人而異，很難就此下定論。但如果想要追求「善終」的方法，必須先要有個好的生存方式不是嗎？好的生存方式也是因人而異，只要找到對自己來說是好的方法就可以了。另一方面，其實老天也準備了很多死去的方式在等待著我們。

這個世界上，有家人之間彼此感情和睦的人，也有家人之間彼此仇視的人，有單身但交友廣闊的人，也有單身並緊閉自己房門的人，有看到有人在車站昏倒卻視而不見的人，也有立刻衝上前給於協助的人，有若無其事地坐在博愛座上的人，也有立即起身讓座的人……這世界上充斥著各式各樣的人。

我們要感謝活著的每一天，好好地享受現在、此刻、當下。

第六章——怎麼死？由自己決定

# 第六章

# 怎麼死？由自己決定

# 日本該何去何從？

過去我曾到過無法死亡的現場採訪，那種令人感到絕望的心情，至今我仍然記得。要說長壽是一件好事的話，那麼當中讓人無法由衷感到開心的現實面也存在著。社會福祉的現狀、國家醫療的現狀、國民所抱持意識的現狀……當初在企劃這本書的內容時，原想做爲人生最後處所的養護老人之家的增設爲當務之急，可是當我愈來愈了解實際情況之後，對這問題的深度感到困惑，束手無策。

這個國家到底該朝哪個方向前進？國會中提出的法案，幾乎都是在監視國民的一舉一動。我也曾經想過，爲什麼會演變成這樣的流程，那是因爲包含我在內的國民，並沒有適時發聲的緣故。

前些日子，我參加一場對瑞典福祉極爲詳細的瑞典人士的演講。聽到瑞典之所以會成爲福祉完善的大國，是源自於一百五十年前的國民運動．市民運動，讓我直點頭。

日本是沒有經過戰爭便取得獨立的國家。或許是因爲這樣，所以無法體會那種取得勝利得來不易的心情，自然也就沒有想要讓社會變得更好的想法。

看到當今的政治，讓很多人都有一種莫名其妙的感覺。現在的內閣政府，遇到問題時只是當場敷衍一下，道個歉就想矇混過去。一位住在德國的友人說，日本首相到歐洲訪問時，就算召開記者會，來的人也是寥寥可數。因爲對歐洲來說，他們所認識的日本，是個放任核災事故的三流國家。可悲的是，不知道這點的只有日本人而已。

可是，日本的國民卻輕易地原諒了這麼過分的政府。就這點來看，日本的國民也有共同責任。透過選舉，也不是沒有改變的機會，可是卻有很多人選擇不去投票。

很多國民會抱怨，「反正不管誰當上議員，最後結果還不是都一樣」，但現在已經不是在說這種話的時候。如果繼續這樣下去，把國家交給那些跟不上時代的老先生們，這個國家勢必會落得成爲最糟糕國家的下場。透過東京都議會議員選舉的結果可以顯示出，東京都民對於既有的政黨已經感到相當地反感。

這裡順帶一提，每年聯合國都會發表世界幸福報告排行。二〇一七年的報告中，做爲調查對象的一百五十五個國家裡面，最幸福的國家是挪威。第二名是丹麥、第三名是冰島、第四名是瑞士、第五名是芬蘭。前五名的國家中，有四個國家位在擁有完善福祉設施的北歐。日本則持續下滑到了第五十一名。雖然與二〇一六年時相比上升兩個排名，但日本國民是否眞的感受到幸福度的上升，還是一個疑問。

這樣的話，日本還能稱得上是好國家嗎？能夠在這個國家安心走完自己最後的人生嗎？不是爲了削減福祉預算，就強行把照護病患的工作施加在病患的家屬身上，而是應該如何精簡其他不必要的預算，並將那些預算用在社會福祉上，能夠做這些考量的，不就只有政治家嗎？政府有錢購買魚鷹直升機，卻沒有錢紓解老老照護的困境。

## 世界幸福報告排行

| 順序 | 國名 |
|---|---|
| 第1名 | 挪威 |
| 第2名 | 丹麥 |
| 第3名 | 冰島 |
| 第4名 | 瑞士 |
| 第5名 | 芬蘭 |
| 第51名 | 日本 |

根據聯合國可持續發展行動網路調查（2017年3月20日發布）。
※臺灣排名33。

也就是說，這個問題的關鍵不在於政府有無經費，而是國家的方針問題。如果政府能撥出用在民生上的經費，那麼我希望不是用在美國，而是用在此時此刻，生活在日本飽嚐長壽地獄之苦的國民的身上。比起「待客之道」，我更希望政府能以「待民之道」爲優先。比起奧林匹克運動賽事，我更希望政府能找出貧困問題的解決對策。說到這裡，我想我的血壓又上升了。

長壽社會的日本，到了二〇二五年之後又會變得如何？這個不久的未來不難想像。但即便如此，政府仍然沒有端出任何的因應對策。我希望日本可以從東京都開始，展開一連串的改革風潮。

就像瑞典那像，希望這個目標可以在一百五十年後實現，讓日本成為一個幸福的國家。但是首先，我們每一位國民必須要開始對政治關心，對「希望日本成為什麼樣的國家」展開討論。

交由國家決定、交由政治家決定、交由醫師決定、將自己的生命交由醫院決定。捨棄這種交由他人決定的想法，透過自己的思考，讓一切變得更好，這才是將來日本可以成為一個讓人安心居住國家的首要條件不是嗎？

至於如何走完自己最後人生的這個問題也是一樣。自己會想用什麼樣的方式死去？用什麼樣的方式活下去才會幸福呢？

我們這些日本國民，因為無法依靠國家的福祉生活，不得不靠自己努力存錢了。人生的最後還是要靠金錢來決勝負，抱持這樣想法的人還不少。但就算老後的經濟充裕，如果還是得插著鼻管生活，也是相當悲慘的事。想要幸福地死去，到底應該怎麼做才好？思考自己要用什麼方式走完人生，是最應優先考量的課題。

希望大家不要誤會，我不是說歐美就一定是好的。但是為什麼在歐美沒有長期臥床的老人？爲什麼沒有因爲接受維生治療而飽嚐如同地獄之苦的老人？在這裡，希望大家可以重新思考一次。

這麼說的話，又像是在說日本的壞話，但似乎在日本安樂死尋求法制化的背景裡，多少存在著對反對派顧慮的樣子。看到國會的情況，平常沒有暴露出來的蔑視女性這個部分完全顯露。日本雖然是可以參加七大工業國組織的經濟國之一，但在日本男性腦中，還是只有「我」的存在。不能說都是男性的錯，女性也是。

在世界男女平等度排行中，日本的排行可能由下往上找會比較快些。二〇一六年度的排行，是以一百四十四個國家爲調查對象。分別從政治、經濟、教育、健康這四個領域進行男女落差程度的調查。位居上位的前五國分別是，第一名冰島，第二名芬蘭，第三名挪威，第四名瑞典，第五名盧旺達。在這個排行的前五名中，同樣有四個國家位在北歐。日本的話，則位居第一百一十名。

看到電視上已婚的主婦藝人在稱呼自己先生時，明明現在不是戰前，竟然可以這麼自然地叫著「我們家老爺」，這讓我相當驚訝。雖然同樣進入社會職場上工作，但現在的年輕女性竟然有保守化的傾向。這到底是怎麼了？難道關心的只有股

## 世界男女平等度排行

| 順序 | 國名 |
|---|---|
| 第1名 | 冰島 |
| 第2名 | 芬蘭 |
| 第3名 | 挪威 |
| 第4名 | 瑞典 |
| 第5名 | 盧旺達 |
| 第111名 | 日本 |

資料來源：根據世界經濟論壇（WEF）2016年版「男女差距指數」。

票動向以及小孩前途而已嗎？

是因爲單親母親的貧困問題與自己無關，所以毫不關心嗎？是因爲自己沒有眞的邁入長壽階段，所以無法認眞思考嗎？

如果這樣下去的話，日本的未來眞是令人堪憂啊！要想成爲讓老人可以幸福長壽地生活下去的國家，不從政治上做出改變是不行的。

# 自然死似乎不受折磨

就在撰寫本書的過程中，無論如何就是想聽聽提倡「自然死」的中村仁一醫師本人的想法，所以在網路上搜尋了一下，得知在名古屋有一場名爲「思考自己死亡集會」的活動，讓我立即報名參加。

現在是社會福祉法人老人之家「同和園」附屬診療所所長兼醫師的中村醫師，從一九九六年開始，主持一個名爲「思考自己死亡集會」的市民團體。這個團體截止目前爲止，已經舉辦過二百二十五次活動，但自己卻是到了現在才知道，不免對自己感到失望。

世界上，有許多啓發我們思考，教導我們認清眞實的機會，但卻因爲自己的漠

不關心，以致於錯過許多相遇的機會。

這二十年來，我所設立的團體「NPO法人SSS NETWORK」活動一個接著一個，讓我沒有時間去認眞思考關於自己的死。所以連「思考自己死亡集會」的存在都不知道。

關於「自然死」，我是從中村醫師於二〇一二年出版的《大往生》（三采文化出版）這本著作中知道的。從那時之後，每當我閱讀中村醫師的著作或文章，都會讓我忍不住地直點頭。

說起話來直言不諱的中村醫師，「人類生來就已經被賦予死亡的機制，所以維生治療或是維生照護那些，根本就是多餘的。」他說話就是這麼直白。中村醫師說自己在老人之家照護過的病患超過五百人以上，但是沒有讓任何一個人是痛苦地死去。「死不是痛苦的事。」這不是印在紙上的鉛字，而是直接從中村醫師本人口中聽到，在我心裡引起相當的震撼。

也就是說，人老了之後，自然會枯竭、死亡。並不是因爲無法進食才死亡，而是「死亡的時候」到了，才變得無法進食。

我們在照護年邁的父母親時，會擔心父母因爲無法進食而死去，於是慌慌張張地想要設法讓他們吃些什麼。在尚未與中村醫師的這本著作相遇之前，也就是二〇一二年之前的我，肯定會這麼做的。

可是聽著中村醫師的話，我也回想起以前不管是祖父或是祖母，都是在家中這樣過世的。那就是自然死吧！也就是中村醫師所說的「死亡的時候」到了吧！

現代人因爲對死亡過度恐懼，所以想盡辦法要避免死亡，卻因此得到反效果，讓本人受盡折磨、痛苦。

我們這些日本人，究竟要到什麼時候才能擺脫對死亡的恐懼生活下去呢？在我小的時候，老人的死亡是很自然地發生在日常生活中的。可是隨著時代演變，死亡變成了一件能避則避的可怕事情。我也會一邊觀察對方的反應，一邊說著關於死亡方式的話題。

如果對方是超過八十歲的高齡者，我會盡量不要提及有關死亡的話題。或是忙著照顧孫子的人，我也盡量不會去提及死亡的話題。可是如果換作是單身女性，一面吃飯一面談上三個小時是常有的事。

在這些女性當中，因爲有積極參加關於死亡講座或是演講的人，所以從和她們談天的過程中，常常讓我得到啓發。也就是對我來說，談論死亡這件事情，可以得到如何讓現今生活過得更充實的答案。

中村醫師是這麼說的：之所以無法進食，是因爲「死亡的時候」到了，身體變得不再需要，才會無法進食。「不喝水的話一定會死」，所以拚命讓病患喝水的照護人員或家人大有人在，但這樣的心情卻會讓即將死亡的病患受到相當的痛苦，所以希望大家還是不要再這麼做了。

聽了中村醫師的這番話，包含我在內，讓我們更加了解到自己的無知。或許我們擁有傲人的學歷，但竟然沒有學習這麼重要的事情。換個說法，「沒有學習死亡的機會就成了老人」，正是現今日本國民的寫照。

邁入超長壽社會的現在，我們應該認識到事情的嚴重性，並且用更加謙虛的態度去學習死亡這件事情不是嗎？

我深深地認爲，不是只有本人學習如何善終這件事而已，身旁的家人也應該好好學習如何送走自己的親人，不是凡事都交給醫院決定，自己也必須努力學習才行。

聽了中村醫師的話，我帶著亢奮的心情回到了東京，同時也趁著這份激昂的情緒尚未退去之前，與高齡九十一歲的母親做了一番談話。在這之前，我從來沒有和母親好好談過有關死亡的話題，也因爲如此，讓我了解對自己的家有著深厚感情的母親，希望將來在家中走完自己最後人生的想法。

我將從名古屋帶回的一口大小米粉糕遞給母親，一邊對著她說：

「我這趟去名古屋，聽到好棒的內容，眞是太値得了！妳知道嗎？『死』這件事好像不是那麼痛苦喔！中村醫師是這麼說的。」

這話題或許來得太過突然，母親睁大眼睛直盯著我看。

「當死亡的時刻來臨時，就像小睡般會感到一陣舒服。所以根本不需要慌張。腦中會分泌荷爾蒙，本人也不會感覺到痛苦。」

這番話聽得母親發出不可思議的驚呼聲，但也可以看出，母親似乎因而有些開心呢！

「還記得嗎？十三年前爸爸過世時，當時我還沒有這些知識，還叫來救護車呢！所以如果哪天妳也同樣發生這樣的緊急狀況時，我不會叫救護車的，妳可以放心。還有，當初爸爸到院的時候，因爲已經停止呼吸心跳，所以沒有進行維生治療，現在來看這眞是太好了。不過到時候妳也不用擔心，因爲現在的我已經具備了有關死亡的相關知識了。」

我自得其樂地繼續說著有關死亡的話題。

「根據中村醫師的說法，如果連一滴水都不喝的時候，會彷彿進入小睡狀態，感覺身體進入到舒服的狀態，然後離開人世。因爲妳是選擇這種舒適的方式，所以到這天來臨之前，妳可以盡情地享受大魚大肉，快樂地過著每一天。」

眼前的母親臉上露出一種我從未見過的開心表情。該不會母親的目標是要成爲日本第一長壽的人吧？如果眞是這樣的話，還眞是困擾呢！

「媽媽，這樣妳會不會想要體驗看看死的感覺呢？」

我們兩人睽違已久地放聲大笑。沒過多久，廚房傳來母親如同少女般用鼻子輕輕哼著歌曲的聲音。由此可見，即便是每天看似開朗活潑的母親，內心肯定也藏著對死亡的不安。

長壽象徵幸福的時代已經結束，我們已經進入面臨長壽威脅的時代。究竟人類的壽命可以延長到什麼程度？雖然光是想像就讓人頭痛，但可以確定的一點是，長壽與幸福之間並不存在比例上的關係。

最後，我想我應該對這次協助受訪的各位由衷表示謝意，因爲採訪前與採訪後的我簡直判若兩人。

現在的我，對於「拒絕長壽」的這個想法依舊沒變。但是在這天來臨之前，我更想好好地度過每一天。我的追尋死亡之旅，現在才正要開始。

Beautiful Life 66

長壽地獄

原著書名 / 長生き地獄
原出版社 / SBクリエイティブ
作　　者 / 松原惇子
譯　　者 / 魏秀容
企劃選書 / 劉枚瑛
責任編輯 / 劉枚瑛

版　　權 / 黃淑敏、翁靜如、邱珮芸
行銷業務 / 張媖茜、黃崇華
總 編 輯 / 何宜珍
總 經 理 / 彭之琬
發 行 人 / 何飛鵬
法律顧問 / 元禾法律事務所 王子文律師
出　　版 / 商周出版
台北市104中山區民生東路二段141號9樓
電話：(02) 2500-7008　傳真：(02) 2500-7759
E-mail：bwp.service@cite.com.tw
Blog：http://bwp25007008.pixnet.net./blog
發　　行 / 英屬蓋曼群島商家庭傳媒股份有限公司城邦分公司
台北市104中山區民生東路二段141號2樓
書虫客服專線：(02)2500-7718、(02) 2500-7719
服務時間：週一至週五上午09:30-12:00；下午13:30-17:00
24小時傳眞專線：(02) 2500-1990；(02) 2500-1991
劃撥帳號：19863813　戶名：書虫股份有限公司
讀者服務信箱：service@readingclub.com.tw
城邦讀書花園：www.cite.com.tw
香港發行所 / 城邦（香港）出版集團有限公司
香港灣仔駱克道193號超商業中心1樓
電話：(852) 25086231傳眞：(852) 25789337
E-mailL：hkcite@biznetvigator.com
馬新發行所 / 城邦(馬新)出版集團【Cité (M) Sdn. Bhd】
41, Jalan Radin Anum, Bandar Baru Sri Petaling, 57000 Kuala Lumpur, Malaysia.
電話：(603)90578822　傳眞：(603)90576622　E-mail：cite@cite.com.my

美術設計 / COPY
印　　刷 / 卡樂彩色製版有限公司
經 銷 商 / 聯合發行股份有限公司　電話：(02)2917-8022　傳真：(02)2911-0053

2019年（民108）3月5日初版
定價350元　Printed in Taiwan
ISBN 978-986-477-615-3  城邦讀書花園 www.cite.com.tw

Nagaiki Jigoku


國家圖書館出版品預行編目

長壽地獄 / 松原惇子著；魏秀容譯. -- 初版. -- 臺北市：商周出版：家庭傳媒城邦分公司發行,
民108.03　256面；14.8×21公分. -- (Beautiful life；66)
譯自：長生き地獄　ISBN 978-986-477-615-3(平裝)　1. 老年　2. 生死觀　3. 日本　544.8　108000405

Beautiful Life

Beautiful Life

Beautiful Life

Beautiful Life